KB206562

온전한 애도를 위한 성소수자 장례예식서

한국 교회를 향한 귀여운 질문

홈페이지	qnaforchurch.creatorlink.net
메일	qnaoffice2021@gmail.com
SNS	@qnaforchurch (페이스북/인스타그램/트위터)

목차

펴내는 말

감사의 말씀

펴내는 말

하나님이 세상에 사람을 지을 때, 지은 존재를 아끼고 사랑해 그를 홀로 두지 않았습니다. 종교의 역할은 한 사람이 태어나는 첫날부터 이 세상을 떠나는 끝날까지 일어나는 크고 작은 사건들에 함께하는 일입니다. 기쁜 순간에 함께 기뻐하고, 슬픈 순간에 함께 슬퍼하는 것, 그 일에 충실하자는 마음으로 생애 예식서 만들기 프로젝트를 기획하였습니다.

첫 번째 순서로 장례 예식서를 펴냅니다. 생애 예식서를 처음 생각했던 2021년은 그 어느 때보다 퀴어 커뮤니티에 부고가 많은 해였습니다. 연이은 장례를 겪으며 성소수자의 죽음에 대한 애도를 방해하는 것들이 참 많다는 사실을 알게 되었습니다. 그리고 그 방해에 교회가 앞장서고 있다는 것도 새삼 깨달았습니다. '이러한 상황에서 우리는 무엇을 할 수 있을까?' 고민 끝에 우리가 가장 잘할 수 있는 방법으로 애도를 제자리에 놓기로 했습니다. 원하는 이 모두가 애도의 주인이 될 수 있기를 바라는 마음으로 기획팀을 모집하고 함께 연구하며 예문을 작성하였습니다.

<온전한 애도를 위한 성소수자 장례 예식서>를 제작하며 우리는 근본적인 질문을 마주해야 했습니다. '성소수자의 장례예식은 비성소수자의 장례예식과 달라야 하는가. 달라야 한다면, 왜 달라야 하고, 또 무엇이 달라야 하는가' 기획팀이 모인 첫날부터 나눴던 질문들입니다. 단순히 예식서 속 설교나 기도에서 차별적인 요소를 걷어내는 것만으로 '성소수자 장례 예식을 만들었다'고 할 수 있을까 긴 고민과 토론이 이어지기도 했습니다. 큐앤에이 장례예식 기획팀은 부족하나마 그간의 고민이 담긴 결과물을 내놓습니다.

3

1부 예식은 기존의 그리스도교 장례 예식서의 틀을 해체하며 나온 추모예식서입니다. 혈연가족 중심의 장례 예식에서 벗어나 고인의 벗들이 모여 고인을 기억하는 시간을 갖고자 할 때 활용할 수 있습니다. 2부 예식은 기존의 그리스도교 장례 예식서의 틀 안에서 나온 결과물입니다. 교회공동체에서 장례 예식 전반을 진행할 때 활용할 수 있습니다. 3부 부록에는 '반려동물 장례 예식', '장례에 참여하는 다양한 이들에게 전하는 편지', '교회공동체가 함께하는 죽음 준비교육' 등 장례에 도움이 될 내용들을 수록하였습니다.

　<온전한 애도를 위한 성소수자 장례 예식서>가 그리스도교 장례 예식에 대한 완벽한 결과물은 아니겠지만, 첫 시도로서 의미를 새기며 길을 열어봅니다. 계속해서 보완되고 연구가 이어져 다양한 전통의 특색있는 예식들이 등장하기를 기대합니다. 또한 이 책이 성소수자와 더불어 신앙생활을 하고 있는 목회자와 교회 지도자가 필요시 사용할 수 있는 안내서가 되기를 바랍니다. 무엇보다 슬픔 속에 벗을 떠나보낸 이들의 애도에 조금의 역할을 할 수 있다면 더할 것 없이 감사한 일일 것입니다.

2023년 1월 20일
온전한 애도를 위한 성소수자 장례예식서 기획팀 일동

감사의 말씀

이 예식서를 제작하는 데 많은 분들의 노력과 기여가 있었습니다. 기쁜 마음으로 자원해주시고 열의를 가지고 집필해 주신 기획팀 모든 분들에게 감사합니다. 고상균, 길벗, 김영미, 김유미, 김정원, 김준태, 동혁, 란, 샬롬, 세희, 수수꽃다리, 이동환, 이드, 이민하, 이은혜, 정한, 평화, 하늘안개 등 18명이 함께 연구하며 의견을 나누고, 때로는 토론하며 예식서를 만드는 일에 함께하였습니다.

일러스트를 통해 예식문의 이해를 돕고 내용을 더욱 풍성하게 만들어주신 틈새 작가님과 멋진 디자인으로 예식서의 활용도를 높여주신 스튜디오 오와오와(@studio_owaowa)의 한샘님께 감사드립니다. 또한 예식을 진행함에 있어 장례지도사가 가져야 할 태도에 대해 본인의 고민을 녹여내어 글을 보내주신 양수진 장례지도사님께도 감사를 전합니다.

교정, 교열도 하지 못한 채로 보낸 엉성한 원고를 꼼꼼히 첨삭해주시고, 정성껏 의견을 주셔서 비어 있는 부분을 채울 수 있도록 감수해주신 김경환 목사님, 임보라 목사님, 한채윤 선생님께 감사드립니다. 가능한 한 주신 의견을 반영하려 애썼고, 덕분에 한결 완성도 있는 예식문이 나올 수 있었습니다.

큐앤에이가 낸 프로젝트를 받아주시고 지원해주신 캐나다연합교회(United Church of Canada)에 감사드립니다. 보내주신 기금으로 이 프로젝트가 진행될 수 있었습니다. 마지막으로 늘 든든하게 지켜주시고 함께 운동해나가는 동지인 큐앤에이 회원들에게 감사의 마음을 전합니다.

1부

벗들과 함께 드리는
성소수자 추모예식

예식에 앞서 알아두어야 할 내용

예단(禮壇) 장식

추모식의 예단은 공간의 한 가운데에 놓습니다. 추
모객들은 예단을 중심으로 하여 원형으로 자리 잡습
니다. 예단의 중앙에는 사진을 올립니다. 다만 영정
사진이 아닌, 고인의 일상모습이 담긴 사진을 올립니
다. 고인의 죽음에만 집중하는 것을 넘어, 그의 일상
을 기억하기 위함입니다. 추모객 개별로 고인의 사진
이나 그림을 가져와 올려놓는 것 또한 좋습니다.

고인과 관련된 물품 역시 예단에 올립니다. 고인의 소지품을 간직하고 있거나,
고인에게 받았거나, 고인에게 전하고자 했던 물품 모두를 포함합니다. 직접적으
로 고인과 교류가 없었더라도, 고인을 추억할 수 있거나 사연이 담긴 물품 역시
좋습니다.

고인과 남겨진 이들에게 전할 메시지를 담은 편지를 준비해주시기 바랍니다.
추모식 현장에서 개별적으로 추모하거나 몇 명의 사람들이 고인에 관한 기억을
나누는 것과 달리, 모두의 앞에서 그 메시지를 입 밖으로 꺼내어 전달하는 작업
은 또 다른 울림이 될 것입니다(편지의 내용이 공개되는 것을 원하지 않는다면,
편지를 낭독하지 않아도 괜찮습니다. 편지를 미처 준비하지 못한 추모객들을 위
해 현장에 메모지와 펜을 마련하여 간단한 메시지를 남길 수 있도록 합니다).

꽃은 하얀 국화가 아닌, 형형색색의 꽃들로 준비합니다. 이 또한 영정사진이
아닌 일상 사진을 준비하는 것과 같은 이유입니다. 고인이 생전에 좋아했던 꽃
과 식물을 예단 위 물품들 사이에 올려놓습니다.

우리의 추모

순서 '우리의 추모'는 예단에 모인 고인과 관련된 사진, 꽃, 편지, 물품, 음식에 담긴 이야기들을 나누는 시간입니다. 예단 장식에 참여한 분들이 모인 사람들에게 고인의 이야기를 나눔으로써, 함께하는 모든 이들이 고인을 보다 가까이 느끼며 애도할 수 있는 시간을 갖게 됩니다.

음식과 음료

고인을 비롯해 함께하고 있는 이들과 나누고 싶은 음식과 음료가 있다면 예단의 한 자리에 두면 좋겠습니다. 고인이 좋아하던 음식, 고인에게 대접하고 싶었던 음식, 고인이 즐겨 마셨던 음료 등 어느 것이라도 좋습니다. 음식은 추모식이 끝난 후 예식에 참여한 사람들과 함께 나누며, 고인과의 추억이 담긴 이야기를 이어갑니다.

예식서

† 표시는 인도자가 ◎ 표시는 회중이 읽습니다.

예식 전, 인도자는 예단 위에 올려진 물품들과 함께, '우리의 추모'에 참여할 분들을 확인합니다.

† 추모예식에 참여하신 분들은 가운데 예단을 중심으로 하여 동그랗게 모여주시길 부탁드립니다. 고인을 기억하며 준비해 오신 물품들이 있다면 예식 전에 예단에 올려 주시기 바랍니다.

1. 예배를 여는 말

† 지금부터 차별 없는 세상을 만드신 예수 그리스도의 이름으로 우리의 벗 OOO님의 추모예배를 시작하겠습니다. 죽음을 넘어 부활하신 예수님이 지금 여기에 우리와 함께하십니다.

2. 묵상

† 잠시 OOO님을 추모하며 우리의 마음을 모읍니다.

3. 위로의 성서말씀 낭독

† 위로의 말씀은 로마서 8장 33절에서 39절까지의 말씀입니다. 제가 낭독하겠습니다. (맡은이가 있는 경우) 말씀은 고인의 벗인 OOO님이 낭독하겠습니다.

<로마서 8장 33-39절>

33. 하나님께서 택하신 사람들을, 누가 감히 고발하겠습니까? 의롭다 하시는 분이 하나님이신데,

34. 누가 감히 그들을 정죄하겠습니까? 그리스도 예수는 죽으셨지만 오히려 살아나셔서 하나님의 오른쪽에 계시며, 우리를 위하여 대신 간구하여 주십니다.

35. 누가 우리를 그리스도의 사랑에서 끊을 수 있겠습니까? 환난입니까, 곤고입니까, 박해입니까, 굶주림입니까, 헐벗음입니까, 위협입니까, 또는 칼입니까?

36. 성경에 기록한 바 "우리는 종일 주님을 위하여 죽임을 당합니다. 우리는 도살당할 양과 같이 여김을 받았습니다" 한 것과 같습니다.

37. 그러나 우리는 이 모든 일에서 우리를 사랑하여 주신 그분을 힘입어서, 이기고도 남습니다.

38. 나는 확신합니다. 죽음도, 삶도, 천사들도, 권세자들도, 현재 일도, 장래 일도, 능력도,

39. 높음도, 깊음도, 그 밖에 어떤 피조물도, 우리를 우리 주예수 그리스도 안에 있는 하나님의 사랑에서 끊을 수 없습니다

4. 함께 부르는 노래

✦ 아래 찬양 중 한 곡을 정하여 부릅니다.

찬양 1. 우리 오늘은

찬양 2. 여기 오소서

5. 처음기도/ 맡은이

✦ 노래가 끝나면 인도자의 별다른 안내 없이 맡은이가 기도를 시작합니다.

✧ 기도문은 변형하여 사용할 수 있습니다.

<기도문 예시>

위로의 하나님, 우리의 벗 OOO님을 추모하고자 우리가 이 자리에 모였습니다. 그의 죽음 앞에서 우리는 함께 애도합니다. 이 시간 하나님의 크신 사랑과 위로가 이곳에 가득하기를 원합니다. 우리의 벗 OOO님이 이제는 차별과 혐오가 없는 평화의 나라에서, 경계도 구분짓기도 없는 바로 그 나라에서 주와 함께 안식하기를 간절히 소망합니다. 이곳에 모인 사람들을 위해서도 기도합니다. OOO님의 죽음에 크게 슬퍼하되 거기에 잠식되지는 않게 하시고, OOO님을 오래도록 기억은 하되, 희망은 버리지 않도록 성령님의 보살핌과 돌봄을 구합니다. 우리의 예배가 OOO님에게, 그리고 여기 모인 존재들에게 위로가 되기를 바라며 평화가 되신 예수님의 이름으로 기도합니다. 아멘.

6. 우리의 추모

† '우리의 추모' 시간입니다. 이 시간에는 여기 모인 분들과 함께 OOO님을 기억하고자 합니다. OOO님을 보다 더 가까이 느끼며 기릴 수 있는 시간이 될 것입니다.

사연을 소개하는 순서는 상황(준비된 물품, 사연, 예식 시간, 날씨 등)에 맞게 조정될 수 있습니다.

† 예식 전에 예단에 올려주신 것들이 보이는데요. 어떤 추억이 담겨있는 것들일까요?

† 먼저 사진에 담긴 이야기부터 시작해볼까요?

(맡은이가 사진에 담긴 추억을 전한다.)

편지를 준비하신 분도 계세요. 귀 기울이며 함께 애도하고자 합니다.

(맡은이가 편지를 읽는다.)

OOO님이 좋아하던 음식을 가져오신 분도 계세요. 같이 나누고 싶은 음식을 준비한 분도 계십니다. 음식에 담긴 이야기도 나눠주시길 부탁드립니다.

(맡은이가 추억을 전한다.)

(순서를 마무리하며) 준비해주신 분들 덕분에 오래도록 우리의 벗 OOO를 마음에 담을 수 있게 되었습니다. 고인을 더 깊이 느끼고, 더 많이 추억할 수 있도록 도움을 주신 분들에게 감사를 드립니다.

Tip!

> ✦ 이야기 뿐 아니라 연주나 공연도 좋고 고인과 관련된 동영상을 보는 것도 좋습니다.

7. 한풀이 기도

† 이제 큰 소리로 기도를 드립시다. 그의 가슴에 응어리졌던 슬픔이 사라지길 바라며, 그의 평안을 간구하며, 그리고 차별 없는 세상을 꿈꾸며 함께 기도하겠습니다.

◎ 경계와 금기를 무너뜨리며 오시는 하나님!
우리의 벗 OOO님이 당신의 품 안에 고이 잠들었습니다. 먼저 간 그의 죽음 앞에서 겸손한 마음으로 그의 응어리진 마음에 귀를 기울입니다. 알게 또는 모르게 많이도 울었을 그의 삶을 깊이 위로합니다. 죽음에 던져질 수밖에 없었던 그의 삶에 함께 슬퍼하고 같이 위로하며 그를 마중합니다. 세상의 법과 하나님의 법이 다르니, 자유와 해방이 넘실대는 주의 나라에서 이제는 있는 모습 그대로 매일을 살게 하소서.

차별과 혐오에 많이 지쳤을 우리의 벗 OOO님이여!
응어리진 마음을 모두 푸시고 주의 나라에서 영면하소서!
막힌 담을 허무시는 예수님과 함께 신명나는 춤을 추소서!

사랑의 주님이 준비한 기쁨의 잔치에 원하는 모습으로 머무소서!

우리의 모습 그대로를 받으시는 하나님!
OOO님을 보내며, 우리는 다시 차별 없는 세상이 어서 오기를 간절히 기도합니다. 그 어떤 혐오도 우리를 그리스도와의 사랑에서 끊을 수 없으니, 모든 소수자들에게 큰 용기를 부어 주소서.

하나님의 선하신 뜻이 우리 모두를 연결합니다. 죽음을 이겨내고 생명으로 우리를 이끄신 예수님의 이름으로 기도합니다. 아멘.

8. 애찬식

✦ 고인이 좋아했던 음식을 함께 나누며, 모인 사람들을 위로합니다.
✧ 빵과 포도주로 대체하여 준비할 수 있습니다. 식이지향을 고려하여 준비합니다.
✦ 애찬식을 돕는 이들(2명)이 필요합니다.

† 우리는 비록 눈물 흘리지만, 그럼에도 서로를 격려할 것입니다.
　우리는 비록 아프지만, 그럼에도 서로를 위로할 것입니다.

　고인을 기억하며 준비해온 음식으로 애찬을 시작하겠습니다.
　한 사람씩 나와 애찬식에 참여해주시면 되겠습니다.

　음식(떡과 포도주를)을 받는 이들에게 전하는 말:

† "하나님의 위로가 당신에게"
　혹은
　"평화를 빕니다"

9. 함께 부르는 노래 2

✦ 아래 찬양 중 한 곡을 정하여 부릅니다.

† 혐오보다 사랑이 강합니다. 함께 찬양을 부르겠습니다.

찬양 1. 사랑이 이기네

찬양 2. 차별 없는 세상

차별없는 세상

이지음

하나하나 한 사람- 마 다 모두다 다른- 하루하 루를만들어- 가지

백 명 에겐 백 개의- 삶 이 그누구 하 나- 똑같은 길은없-었 어

따로따로 흩 어진- 생 각 때로는 같 이- 바라는 가 치를-이루려고

하 나 둘 씩 모일 때- 마 다 따로또 같 이- 같은꿈을 -향해- 건네

서 로 다른모- 습 들 의 다른차- 이 들 이 차별되- 지 않는세상-

각 자 가진모- 습 들 이 있는그- 대 보 도 사랑받- 는 그런세상- -

가장 작 고 낮 고 연약 한- 존 재들- 을 위한 평등이 모든

사람 을- 위 한 모든 존 재를-위한 평 등 이 니 까 -

10. 추모시 낭독/ 맡은이

✦ 노래가 끝나면 인도자의 별다른 안내 없이 맡은이가 추모시를 낭독합니다.

✧ 아래 제시된 시를 읽거나 부록에 수록된 시 중 하나를 낭독하도록 합니다. 평소 고인이
좋아하던 시를 낭독해도 좋습니다.

그대 안녕하겠지/ 황경신

그곳이 어디라 해도
그대 안녕하겠지
그 마음 어떻다해도
그대 아름답겠지

추운 가지 바람에 저항할 수 없어도
하늘은 푸르고 구름은 흘러
힘겨운 영혼 그곳에 다다를 수 없어도
상처는 푸르고 세월은 흘러

아무리 멀어도
꿈이라면 닿겠지
아무리 그리워도
목숨은 건지겠지

11. 공동축도/ 맡은이

✦ '○○○'은 장례예식의 당사자를, '(내 이름)'은 장례예식 참석자를 말합니다.

✧ 각자 자신의 이름/별칭을 넣어 읽기를 권합니다.

† 깊은 마음으로 서로를 축복합시다.

† ○○○님의 장례예식에 모인 모든 이들에게
◎ 하나님이 지금 이곳에 함께 계십니다.

† 모든 것이 하나님으로 말미암아 났습니다.
◎ ○○○도 (내 이름)도 하나님으로 말미암아 세상에 왔습니다.

† 과부와 고아와 나그네와 성소수자와 세상 모든 약자들의 하나님은
◎ ○○○의 하나님이시고 (내 이름)의 하나님이십니다.

† ○○○의 장례예식에 모인 모든 이들에게
◎ 하나님이 지금 우리와 함께 계십니다.

† 사람은 하나님이 허락하신 일을 다 헤아릴 수 없으나
◎ 이제 우리는 하나님이 주신 지혜로 깨닫습니다.

† 사람이 먹을 수 있고, 마실 수 있고, 하는 일에 만족을 누릴 수 있다면
◎ 이것이야말로 하나님이 주신 은총입니다.

† ○○○은/는 세상에 외시 우리와 함께 먹고, 마시고, 놀고, 일하였습니다.
◎ 우리와 함께 기쁨과 슬픔과 즐거움과 어려움을 나누었습니다.

† 기쁘게 사는 것, 살면서 좋은 일을 하는 것, 사람에게 이보다 더 좋은 것이 없습니다.

◎ ○○○은/는 (내 이름)에게 귀하고 소중한 추억을 남겨주었습니다. 우리는 원하는 만큼 그 순간을 함께 기억할 것입니다.

† ○○○의 장례예식에 모인 모든 이들에게
◎ 하나님이 이제로부터 영원히 함께 계십니다.

† ○○○은/는 세상의 삶을 모두 마치고 하나님 곁으로 돌아갔습니다.
◎ 우리도 언젠가 하나님 품에서 ○○○을/를 다시 기쁘게 만날 것입니다.

† 하나님의 크신 사랑과 예수님의 평화와 성령님의 위로가 우리 안에 있습니다.
◎ 사랑과 평화와 위로를 담아 (내 이름)와/과, ○○○와/과, 세상의 아픈 자리를 주님의 이름으로 축복합니다. 아멘.

이별은 차마 못했네/ 박노해

사랑은 했는데
이별은 못했네

사랑할 줄은 알았는데
헤어질 줄은 몰랐었네

내 사랑 잘 가라고
미안하다고 고마웠다고
차마 이별은 못했네

이별도 못한 내 사랑
지금 어디를 떠돌고 있는지
길을 잃고 우는 미아 별처럼
어느 허공에 깜박이고 있는지

사랑은 했는데 이별은 못했네

사랑도 다 못 했는데
이별은 차마 못하겠네

웃다가도 잊다가도
홀로 고요한 시간이면

스치듯 가슴을 베고 살아오는
가여운 내 사랑

시린 별로 내 안에 떠도는
이별 없는 내 사랑
안녕 없는 내 사랑

낙엽을 추모하는 시 / 정연복

지상에서 한 생
다 마치고

대지의 품속에
조용히 잠들어 있네.

초록에서 단풍까지
쉼 없이 달려오느라

많이 고단했을 텐데도
늘 웃음을 잃지 않았지.

몸이야 썩어서
흙으로 돌아가겠지만

네 마음 네 영혼은
오래오래 죽지 않으리.
아름답고도 굳세었던
너의 생을

기억하고 추억하는
뭇사람의 가슴속에서.

너를 보내고/ 이정하

나는 오랫동안 아무 말도 하지 못했다.

찻잔은 아직도 따스했으나 슬픔과 절망의 입자만 내 가슴을 날카롭게 파고들었다.

어리석었던 내 삶의 편린들이여, 언제나 나는 뒤늦게 사랑을 느꼈고 언제나 나는 보내고

나서 후회했다. 그대가 걸어갔던 길에서 나는 눈을 떼지 못했고,

아무 생각도 하지 않고 그저 바라보기만 했는데 툭 내 눈 앞을 가로막는 것은 눈물이었다.

한 줄기 눈물이었다. 가슴은 차가운데 눈물은 왜 이리 뜨거운가.

찻잔은 식은 지 이미 오래였지만 내 사랑은 지금부터 시작이다.

내 슬픔, 내 그리움은 이제부터 데워지리라.

그대는 가고, 나는 갈 수 없는 그 길을 나 얼마나 오랫동안 바라보아야 할까

안개가 피어올랐다. 기어이 그대를 따라가고야 말 내 슬픈 영혼의 입자들이.

그는 떠났다 / 데이비드 하킨스

그가 세상을 떠났다고 눈물 흘릴 수도 있고

그가 이곳에 살았었다고 미소 지을 수도 있다

눈을 감고 그가 돌아오기를 기도할 수도 있고

눈을 뜨고 그가 남기고 간 모든 것을 볼 수도 있다

그를 볼 수 없기에 마음이 공허할 수도 있고

그와 나눈 사랑으로 가슴이 벅찰 수도 있다

내일에 등을 돌리고 어제에 머물 수도 있고

그와의 어제가 있었기에 내일 행복할 수도 있다

그가 떠났다는 사실로만 그를 기억할 수도 있고

그에 관한 기억을 소중하게 살려 나갈 수도 있다

울면서 마음을 닫고 공허하게 등을 돌릴 수도 있고

그가 원했던 일들을 할 수도 있다

미소 짓고 눈을 뜨고 사랑하고 앞으로 나아가면서

함께 부르면 좋은 노래

1. 그 모습 그대로
(글, 곡 이지음)

2. 나를 위한 기도
(글, 곡 이지음)

3. 지금 여기(성찬송)
(글, 곡 초록나무&호늘바당)

4. 두려워 말라(떼제)

5. 임하소서(떼제)

6. 천개의 바람 되어(개사)[1]
(곡. 아라이 만(新井))

7. Track4
(곡. 이소라)

8. 사랑은
(글, 곡 황난영 수녀)

9. 평화를 주소서
(글, 곡 황난영 수녀)

10. 좋은 나라
(곡. 시인과 촌장)

---

1 그대 사진 앞에서 울지 않으리 그대 그곳에 있으니 그댄 잠들어 있지 않으니/

그대 위해 울지 않으리 그댄 천개의 바람 천개의 바람이 되었죠/ 저 넓은 하늘 위를 자유롭게 날고 있죠

2부

교회 전통에 따른
성소수자 장례예식

<일러두기>

1. 본 예식서의 성서인용은 작성자의 신앙전통에 따라 『공동번역성서』, 『새번역성경』, 『한국 천주교 200주년 신약성서』를 혼용하여 사용하였습니다. 임종자의 신앙 전통이나 인도자의 재량에 따라 다양한 성서 번역본을 자유롭게 사용하실 수 있습니다.

2. 본 예문에서는 하나님 혹은 하느님 호칭을 혼용하였습니다. 각자의 신앙 전통에 따라 자유롭게 선택하여 사용하실 수 있습니다.

3. 본 예식문은 기독교대한감리회, 새예배서(2011), 한국기독교장로회 희년예배서(2015), 성공회기도서(2004), 청소년 성소수자 기독교인 故육우당 12주기 혐오에 희생된 성소수자를 기억하는 추모기도회(2015)를 참고하여 만들었습니다.

예식에 앞서 알아두어야 할 내용

<2부 교회 전통에 따른 성소수자 장례예식>은 기존의 기독교 장례예식의 순서에 따라 진행되는 장례예식서입니다. 본 글은 보편적으로 3-4일에 걸쳐 치러지는 장례예식의 전반을 인도할 집례자를 독자로 상정하고 있어 기독교 예식과 문화에 대한 이해가 없는 분들에게 불친절한 글일 수 있다는 점을 미리 안내드립니다. 1부 예식서가 전통적 기독교 장례문화에서 활용되기 어렵다는 점을 고려하여 2부 예식서에서는 기존 교단의 장례예식서에서 상용되는 예식의 틀을 본 따 만들었습니다.

큐앤에이 장례예식 기획팀은 본 예식서를 작성하기 앞서 국내외 5개 교단의 장례예식서를 살펴보았습니다. 교단의 전통에 따라 내용과 표현 면에서 서로 상이한 부분이 있었으나 예식서에서 고인으로 설정한 이의 고정 값이 '가정을 꾸려 자녀가 있는 성인 남성'이라는 점과 혈연가족 중심의 호칭이 반복된다는 점, 집례자를 제외한 조문객들이 예식에 참여하기 어렵다는 점이 대표적인 문제점으로 지적되었습니다. 이에 큐앤에이 장례예식은 위 비판점을 중심으로 개선하여 장례예식을 작성하였습니다.

<2부 교회전통에 따른 성소수자 장례예식>를 활용하실 때, 아래 사항을 염두하셨으면 합니다. 먼저, 모든 종류의 예식서가 그러하듯, 본 예식서는 집례자에 판단에 따라 변용될 수 있으며 변용을 적극 권장합니다. 장례예식에 경우 특히 고인과 그 주변인들이 고인의 죽음을 어떻게 준비했는지, 그 정도에 따라 모인 이들의 감정상태가 매우 다를 수 있습니다. 고인이 갑작스럽게 세상을 떠나 고인의 죽음 자체를 받아들이고 있지 못하는지, 고인과의 이별이 슬프지 않은 것은 결코 아니지만 고인과 이별을 준비할 물리적인 환경이 되어 고인의 죽음을 받아들이는데 큰 어려움이 없는 경우 등 상황에 따

라 예배의 구성과 설교의 내용 등이 달라져야 합니다. 장례예식에 앞서 장례의 성격을 파악하시고 그 성격에 맞게 예문을 변용하여 사용하시길 바랍니다.

"대개 퀴어의 장례식장에서 유족은 고인의 퀴어 정체성이 조문객에게 밝혀지지 않길 바라는 경향이 있다. 특히 죽음의 원인이 에이즈와 관련 있을 때 유족은 온갖 혐오를 떠올리며 이 사실을 은폐한다. 그래서 유족이 고인의 젠더와 섹슈얼리티를 재현할 권력을 선취하고 주도권을 행사하려 한다."[1]

우리는 집례를 부탁받은 그 장례예식의 고인과 대화할 수 없다는 점에서 그 고인의 원가족이 말하는 고인에 대한 회고가 고인의 뜻과 맞는지 확인할 수 없습니다. 고인은 살아생전 자신의 퀴어 정체성을 원가족에게 밝히지 않은 클로젯일 수 있고, 자신의 퀴어 정체성을 원가족에게 밝혔으나 부정당한 사람일 수 있으며, 자신의 퀴어 정체성을 원가족에게 밝히지 않았지만 자신이 소중하다 여긴 이들에게 커밍아웃하고 퀴어로서 삶을 살았던 이였을 수 있습니다. 고인이 충분히 자신의 죽음을 준비하고 우리에게 그의 유지를 남긴 것이 아니라면, 우리는 고인이 누구이고, 그가 어떤 삶을 살았고, 어떻게 죽음을 받아드렸고, 우리가 집례하게 될 장례예식이 어떤 모양새이길 원하는지 정확히 알 수 없습니다.

고인에 대해 "알 수 없나"는 것이 우리가 가진 한계임에도 우리는 고인의 안식을 바라고 모인 이들의 온전한 애도를 위해 장례예식을 집례하는 이로서 고인의 이야기를 알기위해 애써야 합니다. 정확한 답에 가 닿을 수 없을지라도 '고인이 원하는 장례예식이 무엇일까?'를 거듭 고민하며 최대한 많은 이야기를 찾아주시길 부탁합니다. 이를 위해서는 장례예식의 집례에 앞서 고인과 가장 가까웠던 이들이 누구인지 파악하는 일이 중요합니다. 고인의 혈연가족에 한정되지 않고, 고인과 일상을 가장 많이 나누었던 사람이 누구인지를 파악한 후, 그와 대화를 나누어 고인과 남겨진 이들에 대한 이해를 높일 수 있도록 해야 합니다. 그 이해를 바탕으로 본 예식서를 활용하여 장례예식을 준비하시길 바랍니다. 추가로 집례자로서 고려해야할 점을 <3부 집례자가 되었습니다> 편에 수록하였으니 장례예식을 준비하는 과정에서 숙지하시기를 권합니다.

---

1 루인. (2013). 규범적 슬픔, 젠더의 재생산. 뉴 래디컬 리뷰, (57), 241 page

임종예식

✦ 임종예식은 통상 임종을 앞둔 사람과 함께 드리는 마지막 예식이다. 집례자는 임종자와 모인 이들 모두가 본 예식을 편안하고 따뜻한 시간으로 기억할 수 있도록, 사전에 충분히 준비하여야 한다.

✧ 임종예식은 그 특성상 병원이나 가정 등 다양한 장소에서 진행될 수 있으며, 특히 병원의 다인실 등 배려가 필요한 장소에서는 각별히 유의하도록 한다.

† 표시는 인도자가 ◎ 표시는 회중이 읽는다.

초대

임종자의 신앙 전통에 따라 성호경(십자 성호를 그으며 하는 기도)이나 다른 적절한 인사로 시작할 수 있다.

우리는 오늘 임종을 앞둔 ○○○님과 사랑의 인사를 나누는 시간을 갖습니다. 우리에게 끊어지지 않는 사랑과 소망을 주시는 하느님의 품 안에서, ○○○님과 우리가 큰 평화를 받아 누릴 수 있도록 함께 기도합니다.

† 주께서 지금 여기에
◎ 우리와 함께 하십니다.

기원

† 우리를 사랑하셔서 기꺼이 우리의 벗 되신 하느님, 이 시간 당신의 벗 ○○○님의 손을 굳게 잡아 위로해 주십시오. 인생의 고되고 무거운 짐과 이 세상 속의 모든 후회, 그리고 미련을 그리스도의 십자가에 맡깁니다. ○○○님이 하느님의 나라로 나아갈 때에, 온갖 속박을 풀어 주시며 ○○○님이 온전히 소망하던 그 모습 그대로 하느님 품에 안기게 하시고, 모든 두려움을 가벼이 내려놓게 하소서. 이 시간 함께하는 우리의 마음에도 고통과 두려움을 넘어서는 희망과 위로를 허락해주소서. 부활의 날에 우리 모두 다시 만날 것을 믿으며 주 예수 그리스도의 이름으로 기도합니다.
◎ 아멘.

찬송/ 다함께

✦ 하나 또는 여러 찬송을 선택하여 부를 수 있다.
✧ 상황에 따라 한두절만 부르거나 특정 절을 반복해 부를 수 있다.
✦ 복음성가 등 임종자가 좋아하는 곡을 부를 수 있다.
✧ 상황에 따라 생략할 수 있다.

찬송가 412장. 내 영혼의 그윽히 깊은 데서(2절)

2. 내 맘속에 솟아난 이평화는 깊이 묻히인 보배로다
   나의 보화를 캐내어 가져갈 자 그 아무도 없으리라
   평화 평화로다 하늘 위에서 내려오네
   그 사랑의 물결이 영원토록 내 영혼을 덮으소서

찬송가 488장. 이 몸의 소망 무언가

1. 이 몸의 소망 무언가 우리 주 예수뿐일세
   우리 주 예수 밖에는 믿을 이 아주 없도다
   주 나의 반석이시니 그 위에 내가 서리라 그 위에 내가 서리라

2. 무섭게 바람 부는 밤 물결이 높이 설렐 때
   우리 주 크신 은혜에 소망의 닻을 주리라
   주 나의 반석이시니 그 위에 내가 서리라 그 위에 내가 서리라

3. 세상에 믿던 모든 것 끊어질 그날 되어도
   구주의 언약 믿사와 내 소망 더욱 크리라
   주 나의 반석이시니 그 위에 내가 서리라 그 위에 내가 서리라

4. 바라던 천국 올라가 하나님 앞에 뵈올 때
   구주의 의를 힘입어 어엿이 바로 서리라
   주 나의 반석이시니 그 위에 내가 서리라 그 위에 내가 서리라

찬송가 438장. 내 영혼이 은총 입어

1. 내 영혼이 은총 입어 중한 죄짐 벗고 보니
   슬픔 많은 이 세상도 천국으로 화하도다
   할렐루야 찬양하세 내 모든 죄 사함받고
   주 예수와 동행하니 그 어디나 하늘나라

2. 주의 얼굴 뵙기 전에 멀리 뵈던 하늘나라
   내 맘속에 이뤄지니 날로 날로 가깝도다
   할렐루야 찬양하세 내 모든 죄 사함받고
   주 예수와 동행하니 그 어디나 하늘나라

3. 높은 산이 거친 들이 초막이나 궁궐이나
   내 주 예수 모신 곳이 그 어디나 하늘나라
   할렐루야 찬양하세 내 모든 죄 사함받고
   주 예수와 동행하니 그 어디나 하늘나라

찬송가 314장. 내 구주 예수를

1. 내 구주 예수를 더욱 사랑 엎드려 비는 말 들으소서
   내 진정 소원이 내 구주 예수를 더욱 사랑 더욱 사랑

2. 이전엔 세상 낙 기뻤어도 지금 내 기쁨은 오직 예수
   다만 내 비는 말 내 구주 예수를 더욱 사랑 더욱 사랑

3. 이 세상 떠날 때 찬양하고 숨질 때 하는 말 이것일세
   다만 내 비는 말 내 구주 예수를 더욱 사랑 더욱 사랑 아멘.

성서봉독/ 맡은이

하나 또는 여러 본문을 선택하여 읽거나 다른 적절한 본문을 읽을 수 있다.

<시편 23편>

야훼는 나의 목자, 아쉬울 것 없어라. 푸른 풀밭에 누워 놀게 하시고 물가로 이끌어 쉬게 하시니, 지쳤던 이 몸에 생기가 넘친다. 그 이름 목자이시니 인도하시는 길, 언제나 곧은 길이요, 나 비록 음산한 죽음의 골짜기를 지날지라도 내 곁에 주님 계시오니 무서울 것 없어라. 막대기와 지팡이로 인도하시니 걱정할 것 없어라. 원수들 보라는 듯 상을 차려 주시고, 기름 부어 내 머리에 발라주시니, 내 잔이 넘치옵니다. 한평생 은총과 복에 겨워 사는 이 몸, 영원히 주님 집에 거하리이다.

<로마서 8장 38절-39절>

나는 확신합니다, 죽음도 생명도 천사들도 권세의 천신들도 현재의 것도 미래의 것도 능력의 천신들도 높음도 깊음도 그 밖의 어떤 피조물도 우리 주 그리스도 예수를 통하여 나타날 하느님의 사랑에서 우리를 떼어놓을 수 없습니다.

<요한복음 14장 27절>

나는 평화를 너희에게 준다. 나는 내 평화를 너희에게 준다. 내가 주는 평화는 세상이 주는 평화와 같은 것이 아니다. 너희는 마음에 근심하지 말고 두려워하지 말아라.

<디모데후서 4장 6절-8절>

나는 훌륭하게 싸웠고 달릴 길을 다 달렸으며 믿음을 지켰습니다. 이제는 정의의 월계관이 나를 기다리고 있을 뿐입니다. 그날에 정의의 재판장이신 주님께서 그 월계관을 나에게 주실 것이며, 나에게뿐만 아니라, 다시 오실 주님을 사모하는 모든 사람에게도 주실 것입니다.

상황에 따라 성서 봉독으로 대체하거나 생략할 수 있다.

설교지침

설교 당시에 임종자가 말할 수 있다 하더라도, 임종자에게 신앙고백을 강요하거나, 구원의 확신을 입으로 시인하는 것에 집착하지 않아야 한다. 하느님의 섭리 안에 함께하는 이들이 희망과 위로를 얻을 것을 믿으며, 임종자와 가까운 이들의 평안에 중점을 두어 말씀을 전한다

<설교 예시> 본문 | 시편 23편

오늘 우리는 하느님께 나아가는 ○○○님께 사랑의 인사를 건넵니다. 모든 일에는 다 때가 있다고 하지요. 만날 때가 있으면 헤어질 때가 있는 법이고, 태어날 때가 있으면 죽음을 맞이할 때도 있다고 말입니다. 하지만 분명 죽음은 슬픈 일이고 사랑하는 가족들과 벗들을 두고 길을 나서는 ○○○님의 마음, 그리고 ○○○님을 보내야 하는 우리의 마음은 미어지기만 합니다. 그럼에도 우리는 소망을 가질 수 있습니다. 오늘 말씀과 같이 야훼께서 ○○○님의 목자가 되어주시기 때문입니다. 시편 기자는 '비록 음산한 죽음의 골자기를 지날지라도 내 곁에 주님 계시오니 무서울 것이 없다'고 고백합니다. 오늘 하느님께서는 ○○○님의 영혼을 이끌어 푸른 초장으로, 영원한 주님의 집으로 인도하실 것입니다. ○○○님의 삶 가운데는 참으로 많은 일들이 있었을 것입니다. 기쁘고 좋았던 순간도 많았지만, 아프고 슬펐던 순간도 많았겠지요. ○○○님은 그 모든 시간을 잘 지내오셨습니다. 그럼으로 여기에 모인 우리에게는 좋은 나무같은 존재가 되어주셨지요. ○○○님을 통해 우리를 포함한 많은 분들이, 쉴 그늘과 내일을 위한 양식을 얻었습니다. 그러니, ○○○님, 남겨진 이들에 대한 염려를 거두시고 더욱 온전한 쉼을 누리셨으면 좋겠습니다. ○○○님의 평생의 삶을 인도하셨던 야훼 하나님께서 지금 우리와 함께 계시며, 우리의 삶과 시간 역시 사랑으로 이끌어 주실 것입니다.

신앙고백

✦ 임종자가 비신자인 경우 생략할 수 있다.

✧ 인도자의 재량에 따라 <주기도문>과 <사도신경> 중 하나를 선택할 수 있다.

✦ 임종자가 함께 신앙을 고백하기 어려운 상황일 경우, 인도자는 임종자의 귀에 <임종자를 위한 기도>를 읊어주는 것으로 대신할 수 있다.

<주기도문>

하늘에 계신 우리 하느님, 온 세상이 당신을 하느님으로 받들게 하시며, 당신의 나라가 오게 하시며, 당신의 뜻이 하늘에서와 같이 땅에서도 이루어지게 하소서. 오늘 우리에게 필요한 양식을 주시고, 우리가 우리에게 잘못한 이를 용서하듯이 우리의 잘못을 용서하시고 우리를 유혹에 빠지지 않게 하시고 악에서 구하소서. 나라와 권세와 영광이 영원토록 하느님의 것입니다. 아멘.

<사도신경>

나는 믿나이다. 전능하신 하느님, 하늘과 땅의 창조주를 믿나이다. 하느님의 외아들, 우리 주 예수 그리스도, 성령으로 동정녀 마리아에게 잉태되어 나시고, 본티오 빌라도 치하에서 고난을 받으시고, 십자가에 못 박혀 죽으시고 묻히셨으며, 죽음의 세계에 내려가시어 사흘 만에 죽은 자들 가운데서 부활하시고, 하늘에 올라 전능하신 하느님 오른편에 앉아계시며, 산 이와 죽은 이를 심판하러 다시 오시리라 믿나이다. 성령을 믿으며, 거룩한 공교회와, 모든 성도의 상통을 믿으며, 죄의 용서와 몸의 부활을 믿으며, 영원한 생명을 믿나이다. 아멘.

<임종자를 위한 기도>

우리의 목자되시는 하느님, 우리와 함께 예배하는 ○○○님을 누구보다 잘 아십니다. ○○○님이 지금 하느님 앞에 있습니다. ○○○님의 삶을 당신의 크신 사랑으로 온전히 안아 주시리라 굳게 믿으며 기도하오니, ○○○님이 천사들 (신앙전통에 따라 생략할 수 있다. 모든 성인(성도) 들)과 함께 하느님을 친히 뵈옵는 영원한 생명의 나라로 나아가게 하소서.

위탁기도

✦ 인도자가 임종자의 손을 잡으며 기도한다.

✧ 임종자가 비신자인 경우 생략할 수 있다. 생략 시 임종예배에 참여하는 이들이 임종자의 귓가에 짧은 인사말을 전달할 수 있다.

<기도문 1>

"야훼께서는 너그럽고 의로우신 분, 우리 하느님은 자비하신 분, 미약한 자를 지켜주시는 야훼이시라. 야훼께서 너를 너그럽게 대하셨으니 내 영혼아, 너 이제 평안히 쉬어라"(시편 116편)

사랑하는 ○○○님, 하느님께서 지금 ○○○님의 손을 잡으십니다. 주님의 이름을 부르며, 주님의 품을 향해 나아가십시오.

하느님, ○○○님을 주님께 맡겨 드립니다. 크신 품으로 그를 받아 주시며, 그에게 온전한 쉼을 허락하소서. 예수 그리스도의 이름으로 기도하나이다. 아멘.

<기도문 2>

그리스도와 우리의 벗 ○○○님의 영혼이 이제 전능하신 창조주 하느님의 품으로, 구세주 예수 그리스도와 함께, 우리를 이끄시는 성령의 인도로 나아가오니, 오늘이 ○○○님의 영원한 안식의 날이 되게 하시고, 하느님의 낙원이 그의 새 거처가 되게 하소서.

자비로우신 하느님, ○○○님의 영혼을 당신의 손에 맡기나이다. 겸손히 기도하오니, 주께서 돌보신 ○○○님을 기억하시어 주님의 크고 넓으신 품으로 받아 주시고 (신앙전통에 따라 생략할 수 있다) 빛 가운데 거하는 모든 성인과 함께) 영원하고 복된 안식에 들게 하소서. 우리 주 예수 그리스도를 통하여 기도하나이다. 아멘.

임종예배 시 상황과 여건에 따라 어려울 수도 있지만 가능하면 약식(매우 간단하게) 성찬식을 하면 좋습니다. 하나님의 은혜를 몸으로 경험하는 예식을 통해 경험하도록 도울 수 있습니다.

성찬을 할 경우 1인을 위한 빵과 포도주를 준비하고 성경 말씀을 읽고 그리스도의 몸과 생명을 나눕니다.

† 예수께서 말씀하셨습니다. "내가 진정으로 네게 말한다. 너는 오늘 나와 함께 낙원에 있을 것이다"(눅 23장 43절) 내가 성부와 성자와 성령의 이름으로 명하노니 "너는 나와 함께 낙원에 있을 것이다"

◎ 아멘.

축복하는 기도/ 인도자

생명의 주 하느님의 사랑과 구원의 주 예수 그리스도의 은혜와 희망의 주 성령의 인도하심이,

임종 전일 경우/ ○○○님과 우리들 위에, 영원토록 함께 하시기를 간구합니다. 아멘.

임종 후일 경우/ 하느님 품으로 나아간 ○○○님과 그를 보낸 우리들 위에, 영원토록 함께 하시기를 빕니다. 아멘.

입관예식

✦ 입관은 원칙적으로 운명한지 24시간 후 진행된다. 예식은 시신을 닦고 수의를 입히는 염습과정을 시작부터 참관한 후 입관하거나 염을 끝낸 후 입관하는 것 중 장례사와 의논하여 선택할 수 있다. 염을 마무리하면 관을 열어둔 상태에서 염의 마지막 절차를 함께한 후 고인을 관에 옮긴 다음 관을 닫게 된다.

✧ 입관예식의 핵심은 고인의 육신을 마지막으로 대한다는 점이다. 따라서 입관예식은 고인이 우리와 함께 그 몸을 통해 보냈던 아름다운 시간들을 환기시키고 마지막 인사를 하는 자리가 되어야 한다.

✦ 집례자는 고인의 머리 쪽에 서고 모인 이들을 고인의 옆과 아래쪽에 잡게 한 뒤, 입관예식을 시작한다.

† 표시는 집례자가 ◎ 표시는 회중이 읽는다.

초대

이곳에 모인 여러분에게 그리스도의 사랑과 평화가 임하기를 기도합니다. 이제 OOO
님의 입관예식을 진행하도록 하겠습니다. 여러분들께서는 관 가까이로 모여주시기
바랍니다.

† 주여, OOO님을 평안히 쉬게 하시며,
◎ 영원한 빛으로 비춰 주소서.
† 주께서 지금 여기에
◎ 우리와 함께 계십니다.

기원

† 함께 기도하겠습니다.

　모든 슬픔을 위로하시는 하나님, 사랑하는 이와 죽음으로 이별하여 슬퍼하는 이 들
을 위로하여 주소서. 이제 우리는, 우리의 사랑하는 벗 OOO님에게 수의를 입히고 입
관하고자 하오니, 아리마대 요셉과 니 ㄱ 데모가 예수님의 시신을 규정대로 처리함과
같이, 우리도 이 어려운 일에 정중한 마음으로 정성껏 예를 다할 수 있도록 힘과 지혜
를 주옵소서.
◎ 아멘.

찬송/ 다함께

✦ 하나 또는 여러 찬송을 선택하여 부를 수 있다.
✧ 상황에 따라 한두절만 부르거나 특정 절을 반복해 부를 수 있다.
✦ 복음성가 등 임종자가 좋아하는 곡을 부를 수 있다.
✧ 상황에 따라 생략할 수 있다.

찬송가 494장. 만세 반석 열리니 (1,3절)

1. 만세 반석 열리니 내가 들어갑니다
   창에 허리 상하여 물과 피를 흘린 것
   내게 효험 되어서 정결하게 하소서

3. 빈손 들고 앞에 가 십자가를 붙드네
   의가 없는 자라도 도와주심 바라고
   생명 샘에 나가니 나를 씻어 주소서

찬송가 492장. 잠시 세상에 내가

1. 잠시 세상에 내가 살면서 항상 찬송 부르다가
   날이 저물어 오라 하시면 영광 중에 나아가리
   열린 천국문 내가 들어가 세상 짐을 내려놓고
   빛난 면류관 받아 쓰고서 주와 함께 길이 살리

2. 눈물 골짜기 더듬으면서 나의 갈길 다간 후에
   주의 품안에 내가 안기어 영원토록 살리로다
   열린 천국문 내가 들어가 세상 짐을 내려놓고
   빛난 면류관 받아 쓰고서 주와 함께 길이 살리

3. 나의 가는 길 멀고 험하며 산은 높고 골을 깊어
   곤한 나의 몸 쉴 곳 없어도 복된 날이 밝아오리
   열린 천국문 내가 들어가 세상 짐을 내려놓고
   빛난 면류관 받아 쓰고서 주와 함께 길이 살리

4. 한숨 가시고 죽음 없는 날 사모하며 기다리니
   내가 그리던 주를 뵈올 때 나의 기쁨 넘치리라
   열린 천국문 내가 들어가 세상 짐을 내려놓고
   빛난 면류관 받아 쓰고서 주와 함께 길이 살리

성서봉독/ 맡은이

✦ 하나 또는 여러 본문을 선택하여 읽거나 다른 적절한 본문을 읽을 수 있다.

✧ 이때 집례자는 신앙 전통에 따라 시신과 관에 성수를 뿌릴 수 있다.

<고린도후서 1장 1절-5절, 9절>

하나님의 뜻에 따라 그리스도 예수님의 사도가 된 나 바울과 형제 디모데는 고린도에 있는 하나님의 교회와 온 아가야에 있는 모든 성도들에게 하나님 우리 아버지와 주 예수 그리스도의 은혜와 평안이 함께 하기를 기도합니다. 자비의 아버지시며 모든 위로의 하나님이신 우리 주 예수 그리스도의 아버지 하나님을 찬양합니다. 그분은 온갖 고난을 겪는 우리를 위로해 주십니다. 그래서 우리가 하나님에게 받는 위로로 고난당하는 사람들을 위로할 수 있게 하십니다. 그리스도의 고난이 우리 생활에 넘치듯이 우리의 위로도 그리스도를 통해 넘치고 있습니다. 우리 마음에는 사형 선고를 받은 것 같은 느낌이 들었지만 이런 일이 일어난 것은 우리가 우리 자신을 의지하지 않고 죽은 사람을 다시 살리시는 하나님을 의지하도록 하기 위한 것입니다.

<고린도전서 15장 42-44절>

죽은 사람들의 부활도 이와 같습니다. 썩을 것으로 심는데 썩지 않을 것으로 살아납니다. 비천한 것으로 심는데 영광스러운 것으로 살아납니다. 자연의 몸으로 심는데 신령한 몸으로 살아납니다.

<시편 27편 1절, 4절-8절>

여호와는 나의 빛, 나의 구원이시니 내가 누구를 두려워하리요? 여호와는 내 생명의 피난처이신데 내가 누구를 무서워하리요? 내가 여호와께 간청한 한 가지 일을 구하리니 내가 평생 여호와의 집에서 살며 그의 아름다움을 바라보고 성전에서 그를 묵상하는 일이다. 환난날에 여호와께서 나를 성전에 숨기시고 그의 처소에서 나를 안전하게 보호하시며 나를 높은 바위 위에 두시리라. 내 원수들이 나를 둘러싸도 나에게 미치지 못할 것이니 내가 여호와께 기쁨으로 제사를 드리고 노래하며 그를 찬양하리라. 여호와여, 내가 부르짖을 때 들으시고 나를 불쌍히 여기셔서 응답하소서. '나와서 나를 경배하라.'고 주께서 말씀하셨을 때 내 마음이 '여호와여, 내가 나갑니다.' 하고 대답하였습니다.

설교/ 맡은이

✦ 상황에 따라 성서 봉독으로 대체하거나 모인 이들이 고인을 향해 인사하는 것으로 생략할 수 있다.

✦ 입관은 시간이 제한되어 있는 경우가 많으므로, 설교를 할 경우 3분 이내의 짧은 설교를 준비하는 것이 좋다.

설교지침

모인 이들이 좌절하지 않고 희망을 품을 수 있도록, 이 세상에서 고단하고 힘들었던 고인의 모습이 아닌 하나님 곁에서 행복하고 아름다울 고인의 모습을 상기시킨다. 또한 고인이 모인 자들의 기억과 형상 속에서 계속하여 살아 숨 쉴 수 있다는 것을 깨달을 수 있게 말씀을 전한다.

<설교예시 1> 본문 | 고린도후서 1장 1절-5절, 9절

바울과 그의 형제 디모데의 인사처럼 여기에 모여 계신 여러분들께 주 예수 그리스도의 은혜와 평안이 함께 하기를 바랍니다. 사실 사랑하는 이의 죽음 앞에서 평안한 마음을 갖기는 참으로 어렵습니다. 다만 자비로우시고 위로를 주시는 하나님께서 우리의 마음을 어루만져 주시기를 기도할 뿐입니다.

오늘 우리는 사랑하는 이의 마지막 모습을 지켜보기 위해 이 자리에 모였습니다. 그는 세상을 살아가면서 많은 고난을 당하기도 하고 여느 사람처럼 고통과 슬픔에 빠지기도 했을 것입니다. 본문 5절에서, 사도 바울은 '그리스도의 고난이 우리 생활에 넘치듯이 우리의 위로도 그리스도를 통해 넘치고 있다.'고 말합니다. 지금 우리는 하나님의 품 안으로 나아가는 OOO님을 마중하며, 한 사람의 존재가 이 땅에서 사라진다는 것에서 오는 슬픔과 두려움, 그리고 고통을 느낍니다. 그러나 저는 OOO님의 얼굴을 보며 그가 하나님 곁에서 평안하고 아름다운 모습으로 하나님의 품에 안긴 것을 느낍니다. OOO님이 '그리스도의 의'라는 새로운 옷을 입고 우리 주 예수 옆에서 행복한 모습으로 웃고 있는 것을 바라봅니다.

OOO님의 평안한 모습이 여러분에게도 위로가 되기를 바랍니다. OOO님은 아주 편안하고 행복한 모습으로 우리와 작별인사를 나누고 있습니다. 9절 말씀은 '우리가 사형선고를 받은 것과 같이 고통스러우나 이는 우리가 자신을 의지하지 않고 하나님을 의지하게 함'이라 합니다. 그 하나님은 어떤 분입니까? 죽은 자를 살리는 분입니다. OOO님은 하나님의 품 안에서, 우리의 기억과 추억 속에, 또한 우리의 사귐 속에 영원히 살아있습니다. 여기 모인 우리들 안에 OOO님은 영원히 행복한 모습으로 살아있을 것입니다. 그 이유는 여러분의 사랑이 OOO님과 영원히 함께 하기 때문입니다. 서로를 위로하며 존재의 사라짐에서 오는 상실의 아픔과 슬픔을 함께 이겨냈으면 좋겠습니다. 아멘.

<설교예시 2> 본문 | 시편 27편 1절, 4절-8절

오늘 본문에서 다윗은 '여호와가 나의 빛, 구원이시며 피난처이신데 내가 누구를 두려워하리요'라고 말합니다. OOO님은 생전에 하나님을 의지하고 두려움 없이 하나님 앞으로 나아갔습니다. '내 원수들이 나를 둘러싼 것'과 같이 삶에서 많은 고난과 슬픈 일을 마주쳤을 때에도 하나님을 의지함으로 담대히 삶의 여정을 이어나갔습니다.

물론 모든 이가 그렇듯이 때로는 절망하고 포기하고 싶었을 때도 있었을 것입니다. 그럼에도 그는 하나님의 곁에 머물기를 소망하며 찬양하는 것을 멈추지 않았습니다. 이는 OOO님에게 '하나님이 우리를 안전하게 보호하시고 원수들에게서 건져주시는 분'이라는 믿음이 있었기 때문일 것입니다.

오늘 우리도 간청하는 마음으로 이곳에 모였습니다. 하나님, OOO님의 소리를 들으시고 응답하신 것과 같이, OOO님의 존재가 이 세상에서 사라지는 것에서 비롯된 우리의 슬픔과 고통의 소리를 들으시고 응답하여 주옵소서. '우리가 부르짖을 때에 들으시고 응답하시는'하나님, 안전하게 보호하겠다는 약속의 말씀을 붙잡고 나아갑니다. 우리에게 아름답고 행복한 모습으로 주님 옆에 거하는 OOO님의 모습을 보여 주심으로, 우리 마음에 위로와 평안을 허락하여 주소서. 생명의 피난처에서 거룩한 의의 옷을 입고 그리스도와 함께 있는 OOO님의 모습을 우리가 마주합니다.

OOO님의 얼굴을 보시고, 옆의 자리한 분들과 얼굴을 마주하겠습니다. 어쩌면 오늘 이곳에서 처음 마주하는 분들이 계실 수도 있겠습니다. 하지만 우리는 OOO님과 삶의 한 자락을 공유했던 이들로 이 자리에 있습니다. OOO님을 보니 그 안에 함께 하시는 하나님이 느껴집니다. 이곳에 모인 모든 분들에게서도 하나님이 느껴집니다. 그리고 우리들의 모습 속에 OOO님의 모습이 느껴집니다. OOO님은 이제 관에 누워 계시지만 그를 우리는 우리의 교제 안에서 언제든지 다시 볼 수 있습니다. OOO님과 함께 했던 소중한 추억들을 기억하며 이야기를 나눌 때, 그의 모습이 우리들의 사귐 속에서 증거될 것입니다.

저는 언젠가 다시 만나 인사를 나눌 그날을 고대하고 기다리면서, OOO님을 편안한 마음으로 보내드릴 수 있을 것 같습니다. 그 이유는 여러분의 사랑이 OOO님과 영원히 함께 하기 때문입니다. 서로를 위로하며 존재의 사라짐에서 오는 상실의 아픔과 슬픔을 함께 이겨냈으면 좋겠습니다. 아멘.

상황에 따라 입관의례(1)와 입관의례(2) 중 하나를 선택하여 진행한다.

입관의례(1)

이 의례의 목표는 고인이 이 땅에서 입던 힘든 삶의 옷을 벗고, 하나님께서 덧입혀 주시는 새로운 옷을 입고 하나님께 나아가도록 하는데 있다. 이로써 참석한 이들은 은총으로 빛나는 고인의 새 모습을 믿음으로 볼 수 있다.

이제 마지막으로 OOO님과 인사를 나누는 시간을 갖도록 하겠습니다. (한 사람씩 나와서 고인과 인사하는 시간을 갖는다) 고인에게 마지막 인사를 남기고 싶으신 분은 준비된 펜 (굵은 네임펜이나 마커) 으로 관에 짧은 메시지나 편지를 써주시길 바랍니다. 이제 OOO님은 하나님의 은총으로 빛나는 의의 옷을 입고 새 모습으로 하나님 앞에 나아갑니다. 함께 기도하겠습니다.

† 이 땅에서의 힘들고 고단한 삶을 벗어버리고 주께로 나아가오니 이제 새 옷을 입고 주의 곁에 서게 하소서

◎ 저희는 고인이 생전의 행복하고 아름다운 모습을 기억하오니 고인이 그 모습 그대로 주와 함께 있음을 고백합니다. 아멘.

입관의례(2) - 수시 및 수의 입히기

✦ 입관 전 장례사와 의논하여 수의 대신 평소에 좋아하시던 옷을 입힐 수 있다.
✧ 유가족이 원한다면 수시(몸 씻기)를 할 수 있다. 생략하거나 관에 입관한 채 진행할 수 있다.

1) 알코올이나 향수 희석한 물을 수건에 적셔 얼굴과 손을 깨끗이 씻어낸 뒤, 마른 수건으로 닦는다.
2) 고인의 얼굴을 쓰다듬거나 고인의 손을 잡을 수 있다.
3) 입관하기 전 고인의 얼굴을 마주할 수 있는 마지막 시간이므로 가족들과 지인들이 고인과 마지막 인사를 충분히 나눌 수 있는 시간을 마련한다.
4) 다른 이들은 관에 마지막 인사말을 적는다.

Tip!

✦ 장례 지도사들 중에는 대부분 자신들만의 독특한 의식을 넣는 경우가 있습니다. (종이꽃 장식 등) 장례 예식에 앞서 장례 집례자가 장례 지도사와 인사를 나누고 의견 조율하는 것이 중요합니다.
✧ 수의 대신 평소 좋아하시던 옷을 입히는 옵션은 입관 전에 장례사와 미리 의논이 되어야 합니다. 장례식장에서 장례지도사를 처음 만나 장례 절차와 어떤 물품을 사용할지 결정할 때 수의를 평상복으로 하는 것을 원한다고 말해야 합니다.

입관

상황에 따라 적절한 기도를 추가할 수 있다.
1) 수의를 입히는 예식을 진행한 후, 곧이어
입관하는 것이 통례다.
2) 입관이 끝나면 '관'이라 하지 않고 '구'라고
칭하며, 십자가 표시가 새겨진 보를 씌워 발인
때까지 안치한다.

이제 입관하도록 하겠습니다. (관에 고인을 누인다.) 모두 관 주위에 모여 주시기 바랍니다. 다함께 기도하겠습니다.

† 이 땅에서의 여행을 마치고 주의 품에 안기기 위해 새로운 여행을 떠나는 우리의 벗 OOO님을 마중하며 기도하오니

◎ 그리스도의 품에서 평안히 안식하게 하소서.

† 그의 숨소리와 목소리는 더 이상 들을 수 없지만 지금 이 순간 OOO님의 얼굴을 바라보며 깨닫습니다.

◎ 이제는 우리의 사귐 안에서 OOO님을 마주할 것입니다.

† 또한 우리는 그의 발자취와 함께 나눈 추억 속에서, 행복한 기억으로 영원히 숨 쉬고 살아있는 OOO님을 느낄 것입니다.

(다함께) 죽음을 이기시고 부활하신 우리 주 예수 그리스도께서 사랑하는 벗 OOO님께 무한한 사랑과 자비를 베푸시고 하느님의 은총으로 평안히 쉬게 하실 것을 믿습니다.

◎ 아멘.

(관은 꽃으로 장식 가능하며, 관 안에는 편지나, 고인에게 전달하고 싶은 것들을 넣을 수 있다. 다만 화장 시 여러 이유로 여타의 물품을 넣지 못할 수 있으므로 미리 장례지도사와 상의를 하면 좋다.) 마지막으로 전하고 싶은 것이 있으신 분은 관 안에 그것들을 넣어 주시기 바랍니다.

† 이제 십자가 보를 관 위에 덮도록 하겠습니다.

(관 위에 보를 덮는다.)

"육체가 원래 왔던 흙으로 돌아가고 숨이 그것을 주신 하나님께 돌아가기 전에 네 창조주를 기억하여라" 이제 육은 그 본래 왔던 자연의 한 조각이 됩니다. 그리고 그 숨과 영혼은 그것을 주신 하나님께로 돌아갑니다. 내가 성부와 성자와 성령의 이름으로 명하노니 그 육체와 영혼이 하나님의 품에서 영원할지어다.

◎ 아멘.

축복하는 기도

축도로 입관예배를 마치겠습니다.

† 우리를 자신의 형상대로 만드신 생명의 주 하나님의 사랑과
지금도 우리를 위해 기도하고 계시는 예수 그리스도의 은혜와
위로와 소망을 주시는 성령님의 인도하심이
하나님의 부르심을 받은 OOO님과
그를 마중하는 가족과 벗들의 삶 가운데,
영원히 함께 하기를 축복합니다. 아멘.

Tip!

✦ 입관예배는 종종 입관 후 조문하는 곳에 와서 드리기도 합니다. 입관하러 들어가서는 상황에 따라 위 예식문의 순서대로 찬송을 부르고 설교까지 하기는 어려울 수 있습니다. 그러한 경우에는 고인과 마지막 인사를 나눌 수 있도록 인사를 한 후 성경을 한 구절 읽고, 위탁예식을 한 후 기도와 축도로 끝내는 것이 짧고 깔끔해서 좋습니다. 나머지 예문에 있는 순서는 조문하는 곳으로 돌아와 드릴 수 있습니다.

장례예식

✦ 장례예식은 고인의 삶을 기억하고 추모하는 자리다. 이 예식의 핵심은 이 땅에서 살아왔던 고인의 삶의 의미이다. 집례자는 장례식 기간 중 가족이나 지인들을 통해 고인의 이야기를 듣고, 이를 중심으로 예식을 구성하여 애도를 도와야 한다.

✧ 장례예식은 다른 예식들에 비해 가장 많은 시간을 보낼 수 있는 시간이다. 또한 유가족 외에 떠난 이를 기억하는 사람들이 가장 많이 참여하여 함께 보낼 수 있는 시간이다. 다양한 삶의 흔적을 가진 이들이 모이기에 서로 간에 존중과 배려가 필요하며, 예배도 모인 이들을 고려하여 세심히 준비해야 한다.

✦ 대부분의 경우 빈소에서 예식이 진행되므로 영정 옆에 집례자가 서고 참석자들이 영정사진을 바라보며 앉을 수 있도록 배치하는 것이 일반적이다.

† 표시는 인도자가 ◎ 표시는 회중이 읽는다.

† 지금부터 OOO님의 장례예식을 시작하겠습니다.

초대

† 우리 주 예수 그리스도의 평화가, 여러분과 함께 하시기를 빕니다. 그리스도는 죽은 사람들 가운데 부활하심으로, 우리에게 소망이 되셨습니다. 우리는 지금 OOO님을 하나님의 품으로 떠나보내는 장례예식을 드리고자 합니다. 모두 경건한 마음으로 예식에 참여합시다.

기원

† 이제 우리는 우리의 곁을 떠난 OOO님과 작별을 하려 합니다. 그러나 우리는 언젠가 그리스도 예수 안에서 OOO님과 다시 만날 것을 약속합니다. 그러므로 이 고별인사는 떠난 이에 대한 우리의 마지막 인사가 아니라 사랑과 희망과 위로를 나누는 인사입니다. 다 같이 OOO님을 위해, 또한 우리 모두를 위하여 기도합시다.

† 생명을 창조하시고, 죽음을 정복하시며, 어려울 때마다 힘을 주시는 하나님
◎ 우리가 죽음의 골짜기를 지날 때도 주님은 우리와 동행하십니다.
† 이 시간 저희가 하나님께 위로받기를 원합니다.
◎ OOO님을 떠나보내는 이 자리에 성령께서 임하시어,
† 슬퍼하는 이들의 마음을 어루만지시고, 우리 모두에게 위로와 소망을 채워주옵소서.

(다같이) 예수 그리스도의 이름으로 기도합니다. 아멘.

찬송/ 다함께

✦ 하나 또는 여러 찬송을 선택하여 부를 수 있다.
✧ 상황에 따라 한두절만 부르거나 특정 절을 반복해 부를 수 있다.
✦ 복음성가 등 임종자가 좋아하는 곡을 부를 수 있다.
✧ 상황에 따라 생략할 수 있다.

찬송가 301장. 지금까지 지내온 것

1. 지금까지 지내온 것 주의 크신 은혜라 한이 없는 주의 사랑 어찌 이루 말하랴
   자나깨나 주의 손이 항상 살펴 주시고 모든 일을 주 안에서 형통하게 하시네
2. 몸도 맘도 연약하나 새 힘 받아 살았네 물 붓듯이 부으시는 주의 은혜 족하다
   사랑 없는 거리에나 험한 산길 헤맬 때 주의 손을 굳게 잡고 찬송하며 가리라
3. 주님 다시 뵈올 날이 날로 날로 다가와 무거운 짐 주께 맡겨 벗을 날도 멀잖네
   나를 위해 예비하신 고향집에 돌아가 아버지의 품안에서 영원토록 살리라

찬송가 406장. 곤한 내 영혼 편히 쉴 곳과

1. 곤한 내 영혼 편히 쉴 곳과 풍랑 일어도 안전한 포구
   폭풍까지도 다스리시는 주의 영원한 팔 의지해
   주의 영원하신 팔 함께 하사 항상 나를 붙드시니
   어느 곳에 가든지 요동하지 않음은 주의 팔을 의지 함이라
2. 세상 친구들 나를 버려도 예수 늘 함께 동행함으로
   주의 은혜가 충만 하리니 주의 영원한 팔 의지해
   주의 영원하신 팔 함께 하사 항상 나를 붙드시니
   어느 곳에 가든지 요동하지 않음은 주의 팔을 의지 함이라
3. 나의 믿음이 연약해져도 미리 예비한 힘을 주시며
   위태할 때도 안보 하시는 주의 영원한 팔 의지해
   주의 영원하신 팔 함께 하사 항상 나를 붙드시니
   어느 곳에 가든지 요동하지 않음은 주의 팔을 의지 함이라

4. 능치 못한 것 주께 없으니 나의 일생을 주께 맡기면

　　나의 모든 짐 대신 지시는 주의 영원한 팔 의지해

　　주의 영원하신 팔 함께 하사 항상 나를 붙드시니

　　어느 곳에 가든지 요동하지 않음은 주의 팔을 의지 함이라

찬송가 487장. 어두움 후에 빛이 오며

1. 어두움 후에 빛이 오며 바람분 후에 잔잔하고

　　소나기 후에 햇빛나며 수고한 후에 쉼이 있네

2. 연약함 후에 강건하고 애통한 후에 기쁨있고

　　눈물 난 후에 웃음 있고 씨 뿌린 후에 추수하네

3. 괴로움 후에 평안있고 슬퍼한 후에 기쁨있고

　　멀어진 후에 가까우며 고독함 후에 친구있네

3. 고생한 후에 기쁨 있고 십자가 후에 영광있고

　　죽음 온 후에 영생하니 이러한 도가 진리로다

성서봉독/ 맡은이

하나 또는 여러 본문을 선택하여 읽거나 다른 적절한 본문을 읽을 수 있다.

<요한복음 11장 25절-27절>

예수께서 이르시되 네 오라비가 다시 살아나리라 마르다가 이르되 마지막 날 부활 때에는 다시 살아날 줄을 내가 아나이다. 예수께서 이르시되 나는 부활이요 생명이니 나를 믿는 자는 죽어도 살겠고 무릇 살아서 나를 믿는 자는 영원히 죽지 아니하리니 이것을 네가 믿느냐. 이르되 주여 그러하외다 주는 그리스도시요 세상에 오시는 하나님의 아들이신 줄 내가 믿나이다

<요한일서 4장 7-8절>

사랑하는 자들아 우리가 서로 사랑하자. 사랑은 하나님께 속한 것이니 사랑하는 자마다 하나님으로부터 나서 하나님을 알고 사랑하지 아니하는 자는 하나님을 알지 못하나니 이는 하나님은 사랑이심이라.

설교/ 맡은이

시간이 부족하다면 생략할 수 있다. 이미 성경말씀을 통해 하나님의 말씀이 전해졌으므로, 추억을 나눌 수 있는 시간에 더 많은 비중을 실어도 좋다.

설교지침

애도와 슬픔에 머물기 보다는 부활의 때에 다시 만날 소망, 고민의 뜻을 이어 남은 사람들이 이땅에서 해야 할 역할 등에 초점을 맞추어 말씀을 전한다.

<설교예시> 본문 | 요한복음 11장 25절-27절

우리는 먼저 떠나간 우리의 벗을 기억하고, 슬퍼하는 시간을 보내고 있습니다. 우리 앞에 있지 않은 벗을 기억할 수 있는 힘은 우리에게 있어 가장 큰 축복입니다. 그러나 먼저 떠난 이와의 추억을 떠올리고 남겨진 그 뜻을 실천하며 산다는 것은 너무 어렵고 힘든 것이 사실입니다. 우리는 참 힘들고 슬픕니다. 마치 나사로를 떠나보내고 남겨진 마르다와 마리아처럼 말입니다. 나사로의 동생이었던 마르다와 마리아는 모두 부활을 믿었으나, 정확한 의미는 알지 못했습니다. 하지만 예수님께서는 그들을 위로하시며 부활을 이야기하십니다. 부활이 마지막 날 언젠가 올지 알 수 없는 것이 아니라 지금 이 순간, 우리 가운데 실재한다는 것입니다.

우리는 부활의 신앙을 가지고 있습니다. 부활의 신앙은 우리를 그저 슬픔 가운데 머물러 있지 않게 합니다. 나사로의 죽음으로 울고 있던 마르다와 마리아에게 위로를 건네신 예수님께서 지금 이 시간 우리에게도 말씀하십니다. 슬퍼하지 말라, 그는 나와 함께 부활할 것이다.

여러분, 우리 슬픔 중에도 기억합시다. 부활의 주님께서 우리로 하여금 마냥 슬퍼하게만 두지 않으십니다. 언젠가 다시 살아난 나사로를 얼싸안고 기쁨의 눈물을 흘렸던 마르다와 마리아처럼, 우리도 주님의 나라에서 함께 얼싸안고 다시 사랑한다고 말할 수 있는 시간이 올 것입니다. 그때까지 우리는 이 땅에서, 떠나간 벗을 추억하며 함께 부둥켜 살아갑시다.

나눔의 시간

† 사랑하는 여러분, 이제 OOO님과 마지막 인사를 하는 시간을 가지고자 합니다. 이 자리는 누군가를 평가하거나, 판단하는 자리가 아닙니다. 떠난 이의 이야기가 반드시 아름답거나, 훌륭해야만 하는 것은 아닙니다. 하나님께서는 있는 그대로의 우리의 모습을 아름답다고 하셨습니다. 그러니 이 자리에서 우리는 떠난 이의 기억을 함께 나눕시다.

- ✦ 떠난 이를 추억할 수 있는 간단한 소개를 할 수 있다.
- ✧ 떠난 이의 성별이나 성적지향에 대해 언급하지 않도록 한다.(단, 자세히 고인을 아는 사람들만이 모인 안전한 공간은 제외)
- ✦ 너무 개인적인 정보(출생지역, 학력, 연애사 등)를 이야기하기보다는 떠난 이가 좋아하던 노래, 좋아하던 음식, 함께 하였던 활동들처럼 서로가 함께 추억할 수 있는 이야기들을 하는 것이 좋다. 상황에 따라 생략할 수 있다.

> **나쁜 예.** "OOO님은 서울에서 태어났고, ◇◇학교를 나왔으며, □□와 연인 관계였습니다."
> **좋은 예.** "제가 기억하는 OOO님은 함께 노래방을 가게 되면, 항상 @@@를 부르고는 했습니다."

- ✦ 이 때, 사회자가 먼저 떠난 이와의 추억을 이야기해도 되지만, 사회자가 친밀했던 관계가 아닐 경우, 가족 및 지인에게 미리 부탁해도 좋다. 다만 억지로 하거나 무리하게 하기보다는 자연스럽게 나눔의 시간이 진행될 수 있도록 한다.
- ✧ 지인들이 고인에 대한 추억을 한마디씩 이어가는 방식으로 진행하는 것도 가능하다.
- ✦ 필요하다면 추도사나 조사를 할 수도 있지만, 너무 길지 않도록 미리 안내하도록 한다. 예식에 참여하는 가족과 친구들은 이미 많이 지쳐있다는 것을 염두에 두도록 하자.

† OOO님은 비록 지금은 우리의 곁에 없으나

◎ 우리는 언젠가 다시 만날 것을 믿습니다.

† 이 세상에서 겪어야 했던 모든 아픔과 슬픔에서 벗어나

◎ 평화와 위로의 하나님의 품에 안겨 쉬고 있을 것을 믿습니다.

† 우리 역시 이 세상의 여행이 끝나는 그 날에

◎ 우리도 위로를 받을 것을 믿습니다.

위탁의 기도

† 자비로우신 하나님, 우리의 벗 OOO님을 당신의 품에 맡깁니다.

◎ 이 세상에서의 아픔과 슬픔을 내려놓고

† 모든 아픔과 슬픔에서 해방된 평안한 그 모습으로 당신의 품 안에 품어 주소서.

◎ 이 땅에서 누리지 못하던 영원한 평화 가운데 안식하게 하시며

(다함께) 하늘나라의 기쁨에 참여할 수 있도록 영접하여 주소서.

† 주여, 당신의 지혜는 우리가 감히 헤아릴 수 없나이다. 슬퍼하는 가족에게 은총을 베푸시어 당신의 사랑으로 위로하여 주시고, 또한 소중한 벗을 보낸 이들에게도 함께 하시어 위로와 소망을 내려주시옵소서. 우리 모두가 앞으로의 시간들을 굳세게 살아 갈 수 있도록 지혜와 용기를 주소서. 아멘.

축복하는 기도

† 우리를 자신의 형상대로 만드신 생명의 주 하나님의 사랑과

　이 자리에서 우리와 함께 슬피 울고 계시는 예수 그리스도의 은혜와

　위로와 소망을 주시는 성령님의 사귐이

　하나님의 부르심을 받은 OOO님과 그를 떠나보내는 가족과 벗들 위에

　이 자리에 모인 모든 이들의 삶 가운데

(다같이) 웃고, 울고, 떠드는 모든 삶의 순간순간마다

고난과 슬픔의 시간 속에도

우리가 쓰러지지 않도록 지켜주시기를

마음을 모아 축복합니다.　아멘.

화장예식

✦ 예식을 준비하는 이들은 공간에 미리 방문하거나 부득이한 경우 충분한 정보를 취득하여 예식을 진행하는 데 있어 어려움이 없도록 준비한다. 예식의 시설이나 인원의 번잡도 등을 충분히 인지하여 준비하도록 한다.

✧ 장례식장에서 발인예배를 드린 후 영구차까지 운반 할 때, 목회자는 고인의 영정 뒤에 선다. 영구차에 안치 후 장지까지 가지 못하는 분들을 위해 잠시 기도하는 시간을 갖는다.

✦ 화장시설에 도착하면 화장 예약 시간을 기다리는 경우가 많다. 시간이 다가오면, 장례지도사가 이끄는대로 영구차 쪽에 모인 후 화장을 위한 운구를 하게 된다. 유가족들이 입관과 마찬가지로 많이 우는 시간이므로 화장이 시작되기 전 짧은 기도를 한다.

✧ 예식을 행할 시설이 마련되어 있으면 화장을 진행하기에 앞서 그곳에서 예식을 행한다. 마땅한 시설이 마련되어 있지 않은 경우, 관이 들어 있는 차량의 문을 연 상태로 예식을 행할 수 있다.

✦ 화장 예식은 많은 사람들의 이어지는 행렬을 감안하여 가급적 간결하게 행한다.

† 표시는 인도자가 ◎ 표시는 회중이 읽는다.

초대

† 지금부터 ○○○님의 화장 예식을 행하겠습니다.
　주여, 우리의 벗 ○○○님을 평안히 쉬게 하시며 영원함으로 인도하소서.
◎ 아멘.

기원

† "누구든지 나를 사랑하면 내 말을 지킬 것입니다. 그러면 내 아버지께서도 그를 사랑하시겠고 우리는 그에게로 가서 그와 함께 살 것입니다. 나는 평화를 여러분에게 남겨두고 갑니다. 내 평화를 여러분에게 줍니다. 내가 여러분에게 주는 것은 세상이 주는 것과는 같지 않습니다." (요한복음 14:23)

◎ 주여, ○○○님을 평안히 쉬게 하소서. 아멘.

찬송/ 다함께

✦ 하나 또는 여러 찬송을 선택하여 부를 수 있다.
◇ 상황에 따라 한두절만 부르거나 특정 절을 반복해 부를 수 있다.
✦ 복음성가 등 임종자가 좋아하는 곡을 부를 수 있다.
◇ 상황에 따라 생략할 수 있다.

찬송가 245장. 저 좋은 낙원 이르니

1. 저 좋은 낙원 이르니 내 기쁨 한이 없도다 그 어둔 밤이 지나고 화창한 아침 되도다
영화롭다 낙원이여 이 산 위에서 보오니 먼 바다 건너있는 집 주 예비하신 곳일세
그 화려하게 지은 것 영원한 내 집이로다

2. 이 곳과 저 곳 멀잖다 주 예수 건너 오셔서 내 손을 잡고 가는 것 내 평생 소원이로다
영화롭다 낙원이여 이 산 위에서 보오니 먼 바다 건너있는 집 주 예비하신 곳일세
그 화려하게 지은 것 영원한 내 집이로다

3. 저 묘한 화초 향기는 바람에 불려 오는데 생명수 강가 초목은 언제나 청청하도다
영화롭다 낙원이여 이 산 위에서 보오니 먼 바다 건너있는 집 주 예비하신 곳일세
그 화려하게 지은 것 영원한 내 집이로다

4. 청아한 음악 소리는 내 귀에 들려오는데 흰 옷을 입은 무리들 천사와 노래하도다
영화롭다 낙원이여 이 산 위에서 보오니 먼 바다 건너있는 집 주 예비하신 곳일세
그 화려하게 지은 것 영원한 내 집이로다

찬송가 301장. 지금까지 지내온 것

1. 지금까지 지내온 것 주의 크신 은혜라 한이 없는 주의 사랑 어찌 이루 말하랴
   자나 깨나 주의 손이 항상 살펴 주시고 모든 일을 주 안에서 형통하게 하시네

2. 몸도 맘도 연약하나 새 힘 받아 살았네 물 붓듯이 부으시는 주의 은혜 족하다
   사랑 없는 거리에나 험한 산길 헤맬 때 주의 손을 굳게 잡고 찬송하며 가리라

3. 주님 다시 뵈올 날이 날로 날로 다가와 무거운 짐 주께 맡겨 벗을 날도 멀잖네
   나를 위해 예비하신 고향 집에 돌아가 아버지의 품 안에서 영원토록 살리라

찬송가 489장. 저 요단강 건너편

1. 저 요단강 건너편에 찬란하게 뵈는 집 예루살렘 새 집에서 주의 얼굴 뵈오리
   빛난 하늘 그 집에서 주의 얼굴 뵈오리 한량없는 영광중에 주의 얼굴 뵈오리

2. 주가 내게 부탁하신 모든 일을 마친 후 예비하신 그 집에서 주의 얼굴 뵈오리
   빛난 하늘 그 집에서 주의 얼굴 뵈오리 한량없는 영광중에 주의 얼굴 뵈오리

3. 성도들이 함께 모여 할렐루야 부를 때 나도 기쁜 마음으로 화답하여 부르리
   빛난 하늘 그 집에서 주의 얼굴 뵈오리 한량없는 영광중에 주의 얼굴 뵈오리

4. 이 세상에 사는 동안 주의 일에 힘쓰고 썩을 장막 떠날 때에 주의 얼굴 뵈오리
   빛난 하늘 그 집에서 주의 얼굴 뵈오리 한량 없는 영광중에 주의 얼굴 뵈오리

위탁의 기도

† 찰나를 기억하시고 영원을 함께하시는 하느님, 우리의 벗 ○○○님의 몸을 이곳에서 떠나보내니, 흙에서 온 ○○○님이 다시 흙으로 돌아갑니다. 그러나 그리스도께서 죽음을 이기셨으니 그가 부활하여 영생을 누리게 하소서. 우리가 그를 기억하여 증거하는 삶을 살도록 인도하시어 그가 영원히 우리와 함께 살아가게 하소서. 그의 따스한 삶을 기억하며, 그를 주님께 맡깁니다.

◎ 주여, ○○○님을 평안히 쉬게 하소서. 아멘.

성경봉독

✦ 준비하는 이들의 판단에 따라, 설교를 생략하고 성서 본문 낭독으로 갈음할 수 있다.

✦ 설교를 함께할 경우 ①번 ②번의 성서본문을 활용한다.

✦ 설교를 생략하고 성서 낭독만 진행할 경우, ③번의 본문을 봉독 후 침묵의 시간을 가진다.

---

① <출애굽기 3장 3절-5절>

모세는, 이 놀라운 광경을 좀 더 자세히 보고, 어째서 그 떨기가 불에 타지 않는지를 알아보아야 하겠다고 생각하였다. 모세가 그것을 보려고 오는 것을 보시고, 하나님이 떨기 가운데서 "모세야, 모세야!" 하고 그를 부르셨다. 모세가 대답하였다. "예, 제가 여기에 있습니다." 하나님이 말씀하셨다. "이리로 가까이 오지 말아라. 네가 서 있는 곳은 거룩한 땅이니, 너는 신을 벗어라."

② <마가복음 15장 37절-39절>

예수께서는 큰 소리를 내시면서 숨지셨다. 이때 성전 휘장이 위에서 아래까지 두 갈래로 찢어졌다. 그리고 예수를 마주 보고 곁에 서 있던 백인대장이 그분이 그렇게 외치면서 숨지시는 것을 보고 "이 사람은 참으로 하느님의 아들이었다." 하고 말했다.

---

③ <고린도전서 15장 42절-44절, 51절-55절>

죽은 사람들의 부활도 이와 같습니다. 썩을 것으로 심는데, 썩지 않을 것으로 살아납니다. 비천한 것으로 심는데, 영광스러운 것으로 살아납니다. 약한 것으로 심는데, 강한 것으로 살아납니다. 자연적인 몸으로 심는데, 신령한 몸으로 살아납니다. 자연적인 몸이 있으면, 신령한 몸도 있습니다.

보십시오, 내가 여러분에게 비밀을 하나 말씀드리겠습니다. 우리가 다 잠들 것이 아니라, 다 변화할 터인데, 마지막 나팔이 울릴 때에, 눈 깜박할 사이에, 홀연히 그렇게 될 것입니다. 나팔소리가 나면, 죽은 사람은 썩어 없어지지 않을 몸으로 살아나고, 우리는 변화할 것입니다. 썩을 몸이 썩지 않을 것을 입어야 하고, 죽을 몸이 죽지 않을 것을 입어야 합니다. 썩을 이 몸이 썩지 않을 것을 입고, 죽을 이 몸이 죽지 않을 것을 입을 그 때에, 이렇게 기록한 성경 말씀이 이루어질 것입니다. "죽음을 삼키고서, 승리를 얻었다. 죽음아, 너의 승리가 어디에 있느냐? 죽음아, 너의 독침이 어디에 있느냐?"

말씀의 나눔/ 맡은이

설교지침

장례 절차의 거의 마지막인 데다가 화장이라는 방식으로 인해 고인과의 물리적 이별이 더욱 큰 상실감으로 다가올 수 있다. 그 상실감과 슬픔 속에서도 고인을 잘 떠나보내고 마음을 추스를 수 있도록, 고인과의 추억을 되돌아봄과 동시에 고인의 안식을 기원하며 부활을 소망하는 메시지를 전한다.

<설교예시 1> 본문 | 출애굽기 3장 3절-5절

○○○님의 반짝였던 순간들이 우리 영혼에 깊이 남았으니, 우리는 그의 안식과 부활을 비는 마음으로 이곳에 모였습니다. 버거운 장례의 시간을 지내 오고, 이제 우리는 흙에서 온 ○○○님이 다시 흙으로, 주님의 곁으로 돌아가는 자리에 마주하여 단단한 마음으로 ○○○님과 작은 이별을 합니다. 비통함과 허망한 심정으로, 또한 각별한 기억을 한 줌씩 모아 내는 따스한 정성으로 모였으니, ○○○님을 사랑하고 아꼈던 여러분 모두에게 그리스도의 은혜와 평안이 함께하기를 빕니다.

본문은 모세가 하느님을 처음 만난 날을 기록하고 있습니다. 이집트 땅에서 오랜 세월 살았던 모세에게 호렙산의 이 사건은 자신의 머리로는 도저히 이해할 수 없는 일이었을 것입니다. 과학적으로 설명되지 않는, 당시로서도 자연적이지 않은 현상을 마주하게 됩니다. 지금껏 가졌던 좁다란 생각의 틀에선 설명되지 않는 신비롭고 믿기지 않는 상황 앞에서, 모세는 이해하기 위해 앞으로 향합니다. 그러나 하느님은 다가오는 모세에게, 가까이 오지 말라고 말씀하십니다. 우리는 모든 것을 이해할 수 있는 존재가 아닙니다. 내 머리로 이해할 수 없는, 그리고 받아들이고 싶지 않은 상황들을 마주할 수밖에 없습니다. 그때 우리는 뒤로 물러나 도망치거나, 혹은 그 상황을 설명해 내기 위해 애쓰곤 합니다. 이해하지 못하고 받아들일 수 없다고 생각한 사건에 대해, 혹은 그 설명되지 않는 것을 설명하기 위해 노력할 때에, 하나님은 우리에게 멈추고 신발을 벗으라 말씀하십니다.

안락한 시간을 나누기도 했고, 냉랭히 다투기도 했으며, 작고 보잘것없는 순간들을 함께하기도 했습니다. ○○○님과의 평범한 일상과 만남이 어느새 지난 일이 되었고 반복할 수 없는 기억으로만 남았습니다. 소중한 ○○○님의 삶이 이곳에서 멈추었습니다. 우리는 도무지 이 멈춤을 이해할 수 없지만, 그러나 이 멈춤은 신의 섭리도 아니고 사탄의 모욕도 아닙니다. 다소 험했던 삶을 지나오며 ○○○님은 어쩌다 이곳에서 휴식을 취하게 된 것뿐입니다. 그러니 여러분, 너무 좌절하지 말고 비통에 빠지지 마십시오.

소중했던 기억이 있었기에 우리는 ○○○님과 이곳까지 함께 올 수 있었고, ○○○님은 비로소 안식을 취하는 것입니다. 뜻하지 않은 곳에 멈추었지만, 그가 멈춘 이곳은 거룩해졌습니다.

세상의 방식으로 헤아리거나 어떠한 것으로 우리를 가리기보다, 신발을 벗고 이곳을 거룩한 곳으로 만들기 바랍니다. 기쁜 추억과 슬픈 마음을 담아 마지막으로 ○○○님의 안식을 기원합시다. ○○○님과의 반짝였던 순간들을 기억하며, 이 거룩한 곳에서 ○○○님의 영혼이 충분히 안식할 수 있도록 함께 기원하기를 바랍니다.

<설교예시 2> 본문 | 마가복음 15장 34절-39절

　○○○님의 반짝였던 순간들이 우리 영혼에 깊이 남았으니, 우리는 그의 안식과 부활을 비는 마음으로 이곳에 모였습니다. 버거운 장례의 시간을 지내 오고, 이제 우리는 흙에서 온 ○○○님이 다시 흙으로 돌아가는 자리에, 주님의 품에서 온 ○○○님이 다시 주님의 품으로 돌아가는 자리에 마주하여 단단한 마음으로 ○○○님과 작은 이별을 합니다. 비통함과 허망한 심정으로, 또한 각별한 기억을 한 줌씩 모아 내는 따스한 정성으로 모였으니, ○○○님을 사랑하고 아꼈던 여러분 모두에게 그리스도의 은혜와 평안이 함께하기를 빕니다.

　예수는 마지막 순간에 자신의 죽음을 도저히 받아들일 수 없었습니다. 많은 이들도 그러할 것입니다. 죽음이라는 것은 우리가 원하는 방식으로 다가오지만은 않습니다. 그 날짜와 방식을 우리가 예정할 수 없습니다. 그날은 언제나 뜻하지 않은 순간에, 결코 원하지 않는 방식으로 다가오기 마련이겠지요. 오늘 읽은 말씀을 보면 예수께도 그러했던 것 같습니다. 결국 자신의 내몰림을 예상했을지언정 정확한 때와 장소를 알 수는 없었을 것입니다.

　슬픈 기억, 아쉬움 가득한 후회, 삼켜야 했던 말과 고백하지 못한 사랑도 있었을지 모릅니다. 슬픔과 후회만 있지는 않을 테지요. 햇살 좋은 날이면 바라보게 되던 하늘, 장난과 농담 속에서 친구가 건네던 웃음, 노력한 만큼 얻게 된 자신의 성장에 뿌듯해하기도 했을 것이고, 풋풋하게 다짐하던 약속도 있었을 것입니다. 오늘 우리가 ○○○님과 이별하는 것이 너무도 버거운 이유는 그만큼 ○○○님과의 시간이 귀중하고 각별했기 때문입니다.

예수를 떠나보내야 했던 동료들처럼, 우리 역시 오늘 이곳에서 ○○○님과 이별합니다. 한 번만이라도 더 만났다면, 조금 더 친절한 웃음을 건넸더라면 하는 후회가 여러분의 마음을 덮칠지 모르겠습니다. 하지만 그저 슬픔 속에 잠기지만은 마십시오. 여러분과 함께했던 그 각별한 나날이, ○○○님의 영혼에도 분명히 새겨져 있습니다. 여러분과 함께했던 행복한 순간들 덕에 ○○○님도 안식의 장소로 걸어갈 힘을 얻었을 것입니다. ○○○님의 안식 앞에서 우리도 고백하면 좋겠습니다. 그는 참으로 하느님의 자녀였다고. ○○○님의 웃음 속에 진실이 있었고, 당신의 삶 속에 사랑이 있었다고 고백하며 작은 이별을 나눕시다. 그리스도께서 부활하셨듯이, 우리는 또한 ○○○님과 다시 만날 것입니다.

소망의 기도

† 그리스도 예수여, 당신은 죽음으로써 모든 죽음을 이기셨고, 부활함으로써 모든 생명을 구하셨나이다.

◎ 간절히 구하오니, ○○○님이 당신의 품안에서 평안히 쉬게 하소서.

† 당신을 통해 우리는 ○○○님과 만났고

◎ ○○○님을 통해 우리는 사랑을 얻었습니다.

† 주님, 이제 안식의 처소를 향해 가는 ○○○님을 인도하시고

◎ 아직 이 땅의 여정 속에 있는 우리를 위로하소서.

(다함께) 그리스도 예수여, 우리를 영원한 사랑으로 이끄소서. 아멘.

축복하는 기도

태초부터 지금까지 모든 순간을 살피시는 하느님의 사랑과

이 슬픈 이별 앞에서 눈물을 삼키고 계신 그리스도의 은혜와

소망어린 위로를 전하는 성령님의 마주함이

무거운 짐을 내려놓고 안식의 처소로 먼저 떠나는 ○○○님과

다시 만날 날을 고대하는 이곳의 모든 이들에게

가득히 함께하기를 기원합니다. 아멘.

하관예식

※ 이 예식에서 용어를 변경하여 수목장 예식으로도 활용할 수 있다.

✦ 장지에 영구를 안치하면 집례자가 고인의
　머리맡에서 예식을 거행한다.

† 표시는 인도자가 ◎ 표시는 회중이 읽는다.

<u>모임</u>

● 참석자들이 영구 주변으로 모이는 동안 찬송을 부른다.
● 상황이 적절치 않다면 생략할 수 있다.

찬송가 407장. 구주와 함께 나 죽었으니(1절, 3절)

1. 구주와 함께 나 죽었으니 구주와 함께 나 살았도다
　영광의 그날에 이르도록 언제나 주만 바라봅니다
　언제나 주는 날 사랑하사 언제나 새생명 주시나니
　영광의 그날에 이르도록 언제나 주만 바라봅니다

3. 뼈아픈 눈물을 흘릴 때와 쓰라린 맘으로 탄식할때
   주께서 그때도 같이하사 언제나 나를 생각하시네
   언제나 주는 날 사랑하사 언제나 새생명 주시나니
   영광의 그날에 이르도록 언제나 주만 바라봅니다

초대/ 인도자

하관예배를 함께 드리겠습니다. "수고하며 무거운 짐을 진 사람은 모두 내게로 오너라. 내가 너희를 쉬게 하겠다." (마태복음 11장 28절) OOO님이 그의 몸에 쌓인 시간을 내려놓고, 흙으로 돌아갑니다. OOO님의 영혼은 우리의 마음과 함께 주님의 품으로 돌아갑니다. 하나님께서 이곳에 함께 하십니다.

기원

† 생명을 주관하시는 하나님, 주님이 지으신 생명을 당신께 보내드립니다. 기쁨도 고통도 뒤로 하고 잠든 이를 온전히 받아 주시옵소서. 은총의 하나님, OOO님을 기억하며 모인 이들이 기도합니다. 이 자리에 위로의 영으로 함께 하소서. 죽음을 이기신 예수 그리스도의 이름으로 고백합니다. 우리가 영영 헤어지는 것이 아닙니다. 우리가 주의 나라에서 다시 만남을 믿습니다. 이제 OOO님을 위해 잠시 침묵으로 기도합니다.

(침묵)

† 모인 이들의 사랑을 담아 예수님의 이름으로 기도합니다.
◎ 아멘.

찬송/ 다함께

✦ 하나 또는 여러 찬송을 선택하여 부를 수 있다.

✧ 상황에 따라 한두절만 부르거나 특정 절을 반복해 부를 수 있다.

✦ 복음성가 등 임종자가 좋아하는 곡을 부를 수 있다.

✧ 상황에 따라 생략할 수 있다.

찬송가 491장. 저 높은 곳을 향하여

1. 저 높은 곳을 향하여 날마다 나아갑니다 내 뜻과 정성 모아서 날마다 기도합니다
   내 주여 내 맘 붙드사 그곳에 있게 하소서 그곳은 빛과 사랑이 언제나 넘치옵니다

2. 괴롬과 죄가 있는 곳 나 비록 여기 살아도 빛나고 높은 저 곳을 날마다 바라봅니다
   내 주여 내 맘 붙드사 그곳에 있게 하소서 그곳은 빛과 사랑이 언제나 넘치옵니다

3. 의심의 안개 걷히고 근심의 구름 없는 곳 기쁘고 참된 평화가 거기만 있사옵니다
   내 주여 내 맘 붙드사 그곳에 있게 하소서 그곳은 빛과 사랑이 언제나 넘치옵니다

4. 험하고 높은 이 길을 싸우며 나아갑니다 다시금 기도하오니 내주여 인도하소서
   내 주여 내 맘 붙드사 그곳에 있게 하소서 그곳은 빛과 사랑이 언제나 넘치옵니다

5. 내 주를 따라 올라가 저 높은 곳에 우뚝서 영원한 복락 누리며 즐거운 노래 부르리
   내 주여 내 맘 붙드사 그곳에 있게 하소서 그곳은 빛과 사랑이 언제나 넘치옵니다

찬송가 419장. 주 날개 밑 내가

1. 주 날개 밑 내가 편안히 쉬네 밤 깊고 비바람 불어쳐도
   아버지께서 날 지켜주시니 거기서 편안히 쉬리로다
   주 날개 밑 평안하다 그 사랑 끊을 자 뉘뇨
   주 날개 밑 내 쉬는 영혼 영원히 거기서 살리

2. 주 날개 밑 나의 피난처 되니 거기서 쉬기를 원하노라
   세상이 나를 위로치 못하나 거기서 평화를 누리리라
   주 날개 밑 평안하다 그 사랑 끊을 자 뉘뇨
   주 날개 밑 내 쉬는 영혼 영원히 거기서 살리

3. 주 날개 밑 참된 기쁨이 있네 고달픈 세상 길 가는 동안
   나 거기 숨어 돌보심을 받고 영원한 안식을 얻으리라
   주 날개 밑 평안하다 그 사랑 끊을 자 뉘뇨
   주 날개 밑 내 쉬는 영혼 영원히 거기서 살리

성서봉독/ 맡은이

하나 또는 여러 본문을 선택하여 읽거나 다른 적절한 본문을 읽을 수 있다.

<시편 73편 23절-26절>

그러나 나는 늘 주님과 함께 있으므로, 주님께서 내 오른손을 붙잡아 주십니다. 주님의 교훈으로 나를 인도해 주시고, 마침내 나를 주님의 영광에 참여시켜 주실 줄 믿습니다. 내가 주님과 함께 하니, 하늘로 가더라도, 내게 주님 밖에 누가 더 있겠습니까? 땅에서라도, 내가 무엇을 더 바라겠습니까? 내 몸과 마음이 다 시들어가도, 하나님은 언제나 내 마음에 든든한 반석이시요, 내가 받을 몫의 전부이십니다.

<고린도전서 15장 47절-49절>

첫 사람은 땅에서 났으므로 흙으로 되어 있지만, 둘째 사람은 하늘에서 났습니다. 흙으로 빚은 그 사람과 같이, 흙으로 되어 있는 사람들이 그러하고, 하늘에 속한 그분과 같이, 하늘에 속한 사람들이 그러합니다. 흙으로 빚은 그 사람의 형상을 우리가 입은 것과 같이, 우리는 또한 하늘에 속한 그분의 형상을 입을 것입니다.

<요한계시록 21장 2절-6절>

그때에 나는 보좌에서 큰 음성이 울려 나오는 것을 들었습니다. "보아라, 하나님의 집이 사람들 가운데 있다. 하나님이 그들과 함께 계실 것이요, 그들은 하나님의 백성이 될 것이다. 하나님이 친히 그들과 함께 계시고, 그들의 눈에서 모든 눈물을 닦아 주실 것이니, 다시는 죽음이 없고, 슬픔도 울부짖음도 고통도 없을 것이다. 이전 것들이 다 사라져 버렸기 때문이다." 그때에 보좌에 앉으신 분이 말씀하셨습니다. "보아라, 내가 모든 것을 새롭게 한다." 또 말씀하셨습니다. "기록하여라. 이 말은 신실하고 참되다." 또 나에게 말씀하셨습니다. "다 이루었다. 나는 알파며 오메가, 곧 처음이며 마지막이다. 목마른 사람에게는 내가 생명수 샘물을 거저 마시게 하겠다.

설교지침

- 고인을 보내는 마지막 자리인 만큼, 고인의 평안을 기도하는 동시에 남은 사람들이 겪는 아픔과 고통을 위로한다. 함께 하시는 주님, 손을 붙잡아 주시는 주님이 고인뿐만 아니라 예배 자리에 함께하는 사람에게도 위안 으로 다가오신다는 것을 설교의 주제로 삼는다.

- 성별 지칭어의 사용을 지양하고, 개종이나 전도를 목적으로 하지 않는다.

<설교예시 1> 본문 | 시편 73편 23절-26절

　OOO님을 보내는 마지막 자리에 계신 여러분에게 주님의 위로가 함께하기를 기도합니다. 우리는 각자의 방식으로 OOO님을 기억합니다. 여러 감정과 기억 을 품은 우리가 이제 OOO님을 배웅하려 합니다. OOO님과의 무수한 기억이 모 인 이곳에 주님의 위로하시는 영이 가득하기를 바랍니다.

　우리는 많은 고통에 휩쓸리며 살아갑니다. 재난처럼 다가오는 슬픔이 우리를 잠식하기도 합니다. 시편의 시인 역시 그러한 고통을 경험했겠지요. 그런데 오 늘 말씀에서 시인은 '주님이 늘 나와 함께 계시고, 또 주님이 내 오른손을 붙잡 아주신다'고 고백합니다. 작은 이들에게 고난이 끝없이 밀려드는 것을 경험하 고도 '주님의 함께하심'을 고백한 것이지요. 시인이 이렇게 고백할 수 있었던 이유는 하나님이 고통이 있는 곳에 함께하시는 분임을 알았기 때문입니다. 고 난의 한가운데에 놓여 있을 때, 주님이 손을 붙잡아주신다는 것을 알았기 때문 이지요. 주님의 평안은 홀로 평안함이 아니라 함께 아파하는 위안입니다. 우리 의 몸과 마음이 시들어가도, 하나님은 언제나 반석처럼 우리와 함께하십니다. 애통함을 나누는 위로로 우리와 함께하십니다.

　사랑하는 여러분, OOO님이 우리와 보낸 시간을 뒤로하고 하나님의 품에 안 깁니다. 사랑도, 고난도, 기쁨도, 아픔도 뒤로하고 이제 대지의 품에서 안식합니 다. 작은 이를 사랑하시는 주님이 OOO님과 함께하십니다. 그리고 주님은 이곳 에 모인 애통한 사람들과도 함께하십니다. 주님은 곁에 선 친구의 눈물로, 맞잡은 손으로, 토닥여주는 손길로 함께하십니다.

OOO님이 우리에게 보여준 미소와 사랑을 기억하며, OOO님을 보내드립니다. 우리는 OOO님이 우리에게 선물한 기억과 시간을 안고 살아갈 것입니다. 함께 하시는 주님을 기억하며, 우리에게 남은 시간에 주님의 평안이 가득하기를 기도합니다.은 손으로, 토닥여주는 손길로 함께하십니다.

OOO님이 우리에게 보여준 미소와 사랑을 기억하며, OOO님을 보내드립니다. 우리는 OOO님이 우리에게 선물한 기억과 시간을 안고 살아갈 것입니다. 함께 하시는 주님을 기억하며, 우리에게 남은 시간에 주님의 평안이 가득하기를 기도합니다.

취토[1]예식

† 하나님, 태어난 순간 뱉은 울음과 생의 즐거움, 문득 찾아드는 고난을 지나온 이가 여기 있습니다. 수고를 그치고 쉴 때, OOO님이 주님의 곁에서 영원한 생명으로 함께 할 것입니다. 예수님의 이름으로 기도합니다.

† 주님, 우리의 마음을 이곳에 둡니다.

집례자가 취토한다. 취토할 때는 한 손으로 흙을 쥐고 흙이 천천히 떨어지도록 관의 모서리에 조심스럽게 뿌린다.

† 하나님, OOO님을 기억하고, 또 서로를 위로하기 위해 모인 자들이 여기 있습니다. 이들의 마음을 돌보아주소서. OOO님을 배웅하는 지금, 새 생명을 꿈꾸는 희망이 우리에게 가득하게 하옵소서. OOO님을 사랑하는 마음을 깊이 간직하며, 우리가 주님의 이끄심을 따라 살게 하소서.

모인 이들이 집례자가 취토한 방식을 따라 한 명씩 취토하며, 취토할 때에는 고인과의 추억을 짧게 나눈다.

---

1 고운 흙을 떠서 관의 모서리에 넣는 의례.

† 모든 짐을 뒤로하고 떠나는 ○○○님의 곁에 우리의 마음을 남겨둡니다. 주님, 모인 이들의 아픔을 깊이 헤아려주소서.

† 주님, 우리의 마음을 이곳에 둡니다.

침묵 속에서 한 명씩 돌아가며 준비한 꽃을 장지 주변에 내려놓는다. 집례자가 먼저 꽃을 내려놓으면 시계 방향으로 돌아가며 꽃을 내려놓는다.

† 기도하겠습니다.

처음과 마지막이신 하나님, ○○○님이 우리를 지탱하는 땅에, 그리고 당신의 품에 안 깁니다. 수고를 마치고 당신에게 안기는 이 영혼을 보듬어주소서. 죽음으로 새 생명을 피워내신 예수님을 고백하며, 부활의 희망을 품습니다. 그 희망이 이곳에 가득하니, 고인이 평안히 잠들게 하소서.

주님, 형언할 수 없는 힘으로 우리를 위로하시는 성령이 이곳에 계십니다. ○○○님을 떠나보내는 이들의 마음을 당신의 손길로 어루만져 주소서. 남은 이들이 고인을 추억하고, 서로를 보듬으며 살아가게 하소서. 주님의 부활을 날마다 경험하게 하소서.

주님의 은혜가 이곳에 가득함을 믿습니다.

◎ 이멘.

축복하는 기도

고난받는 사람들의 친구 되신 우리 주 예수 그리스도의 은혜와 생명의 숨을 불어넣으시는 하나님의 사랑과 평화로 임하시는 성령님의 위로가 이곳에 모인 모든 이들의 위에 영원히 함께하기를 기원합니다. 아멘.

제2부 교회 전통에 따른 성소수자 장례예식

3부

부록

반려동물 장례예식

온전한 애도를 위한 장례예식을 기획하며 예식서를 준비하던 중 저희 집 고양이 막둥이가 무지개다리를 건넜습니다. 막둥이는 2009년에 태어난 고양이였습니다. 막둥이는 푸른 방석을 좋아하는 고양이, 근래에는 햇살이 고여 있는 캣타워 위에서 창 밖 구경을 즐겨하는 고양이였지요. 다른 사람들과 고양이들에게 친절한 편은 아니었고, 특히 무타(함께 사는 고양이)에게 눈으로 목소리로 욕을 하는 우리 집 고약한 할머니였습니다.

막둥이는 나이가 많았고 뚱뚱한 편에 속해서 건강관리가 필요한 고양이었지만 비교적 건강한 고양이였습니다. 무지개다리를 건너기 6개월 전 실시한 건강검진에서도 이상소견이 없었으니 막둥이의 건강에 대해 더욱 자신했는지도 모르겠습니다. 그래서 막둥이의 죽음이 더욱 갑작스럽게 느껴졌습니다.

병원에서 막둥이의 임종을 지키고, 막둥이와 함께 집으로 돌아왔습니다. (병원에서 기초적인 수습을 해주셔서 하루 집에 머무는 일이 가능했습니다. 자택에서 반려동물이 사망한 경우 알콜솜과 깨끗한 타월 등을 준비하여 기초수습을 한다면, 하룻밤 집에서 머물며 마지막 인사를 하셔도 괜찮습니다.) 장례식장에 연락하여 상담 후 예약을 했습니다. 장례식장에서 막둥이의 사진파일 10장과 평소 좋아하는 장난감, 간식 등을 준비하라고 안내해주셨습니다. 막둥이의 사진과 물건을 고르며 하룻밤을 보냈습니다. 막둥이를 알던 이웃들이 집으로 방문해 막둥이와 마지막 인사를 하는 시간을 갖기도 했습니다. 막둥이에게는 투병기간이 특별히 없었기에 마지막 하룻밤이 더욱 소중했습니다.

날이 밝고, 친구들의 도움을 받아 도시외곽에 위치한 장례식장까지 차로 이동을 했습니다. 친구들은 차 트렁크를 미리 모두 비우고 담요를 깔아 막둥이가 담긴 큰 가방이 들어갈 수 있도록 운구차의 모양을 준비해주었습니다.

반려동물에게 노환을 비롯 지병이 있는 경우, 투병 기간 충분히 함께 지낼 기회를 많이 만드세요.

반려동물이 입원 중이 아닐 경우, 자택에서 무지개다리를 건널 수 있으니 기초 수습 키트(인터넷을 통해 미리 구비해둘 수 있고, 일부 편의점에서 판매하기도 합니다.)를 마련하거나 알콜솜이나 깨끗한 타월을 준비해두면 좋습니다.

동물보호관리시스템의 동물장묘업 안내를 통해 인근에 있는 반려동물 장례업체를 알아볼 수 있습니다.

장례식까지 이동하는 동안 타월이나 무릎담요 등으로 반려동물을 감싸고 가방 또는 상자에 넣어 운반하시면 됩니다. 바로 이동할 수 없는 경우, 특히 여름철에는 아이스팩과 함께 이동하는 것이 필요할 수 있습니다.

장례식장에 도착해서는 장례지도사의 장례전반에 대한 안내(장례순서 및 비용)를 들었습니다. 제가 간 장례식장에서는 추모공간이 제공되었으며 종교예식을 포함하여 충분히 애도의 시간을 갖을 수 있었습니다. 수습과정을 참관할 수 있었고, 참관여부를 결정할 수 있도록 했습니다. 화장 하는 것을 참관하고 이후 막둥이가 담긴 유골함을 받아 집으로 돌아왔습니다.

난 자리가 더 크다고 하지요. 막둥이가 오르던 캣타워를 볼 때마다, 막둥이의 밥그릇과 물그릇을 볼 때마다, 막둥이가 그리워 울기를 반복했습니다. 막둥이를 떠나보내고, 다니고 있는 교회에서 막둥이와 저희 가족을 위한 기도를 해주셨습니다. "OO님과 OO님의 사랑하는 반려자 막둥이님을 떠나보냅니다. 주님, 그가 도착하는 길 어귀에 마중 나와 계셔 주시고, 햇살 따뜻하고 포근한 자리로 준비해주십시오. 언어로 소통할 수 없었으나 영혼으로 맞닿아있던 그의 사랑하는 네 가족에게 그의 품만큼 따스한 위로를 주십시오" 그 기도가 얼마나 큰 위로였는지 모릅니다.

반려동물과 함께 사는 인구가 천만명이 넘는다고 합니다. 그 숫자가 얼마나 큰지, "나만 고양이 없어"라는 말이 유행어가 되기도 했습니다. 법률상의 혼인과 입양 등이 불가능한 성소수자에게 '반려동물'은 더욱 애틋할 수 밖에 없는 존재입니다. 애인처럼, 자식처럼, 친구처럼 반려동물과 함께 사는 성소수자들이 많습니다. 막둥이를 보내고 온 날, 성소수자의 온전한 애도를 위한 장례예식에 '반려동물' 장례예식에 대한 안내사항과 장례예식서가 빠질 수 없다는 생각을 했습니다. 남겨진 이들이 떠나간 이의 안식을 바라고 기도하고자 한다면, 떠나간 이가 인간이 아닌 동물일지라도 예배를 드릴 수 있다고 생각합니다.

반려동물 장례준비와 실제에 관해 적혀있는 팁들은 임보라 목사님글을 인용했습니다. 반려동물 장례예식은 민숙희 사제님이 써주신 예식서를 수록했습니다, 수록을 허락해주신 임보라 목사님과 민숙희 사제님께 감사드립니다.

장례식의 옵션은 기본을 선택하셔도 충분합니다. 유골함은 장례식장에서 구매가 가능하며, 개별적으로 준비해가셔도 됩니다. 기본 외 고급 수의, 고급 관, 루세떼(스톤)등은 유가족들이 의논하셔서 결정하시길 바랍니다. 장례비용은 몸무게를 기준으로 측정되어 있습니다.

펫로스(Pet Loss): 반려동물을 무지개 다리 건너보낸 후 반려인들이 겪게 되는 상실감을 펫로스라고 합니다. 관련한 서적들이 많이 나오고 상담치유 과정이 개설될 만큼 빈번하게 경험하게 되는 과정입니다. 반려동물의 죽음에 대한 슬픔을 충분히 공감해주는 것이 가장 **중요합니다**. 누군가에게 상실감을 드러내기 어려운 경우, 주변에서 공감을 받지 못하는 경우 펫로스는 길고 강하게 지속될 수 밖에 없습니다. 반려인의 우울이 장기화 될 수 있으므로 자주 대화하고 충분히 나눔을 하시는 것이 필요합니다.

반려동물 장례예식서
- 별이 된 아이를 위한 예배 -

† 는 집례자가 ○는 참석자가 ◉는 다함께 읽습니다.

여는찬송

본기도

† 주님께서 여러분과 함께.
◉ 또한 당신과 함께 하소서.

† 기도합시다.
  창조주 하느님, 이 세상을 창조하시고 우리에게 이를 돌보라 명하셨나이다. 비옵나니, 우리에게 지혜를 주시어 어리석은 욕심으로 환경을 파괴하지 않게 하시고, 맡겨주신 생명을 귀하게 여겨 주님의 창조질서를 보전하게 하소서. 우리 주 예수 그리스도의 이름으로 기도하나이다.
◉ 아멘.

시편교송

† 지구와 그 피조물들 세상아, 하느님을 찬미하라.
○ 찬양을 드리며 영원토록 영광을 돌리자.
† 하느님을 찬미하라. 저 산들과 언덕, 그리고 땅에서 자라는 모든 생명들아.
○ 찬양을 드리며 영원토록 영광을 돌리자.
† 하느님을 찬미하여라. 샘물과 시내와 바다들아.
  고래와 물속의 모든 움직이는 것들아, 공중의 모든 새들아.
○ 찬양을 드리며 영원토록 영광을 돌리자.
† 하느님을 찬미하여라. 모든 들짐승들아,
  모든 양떼와 무리들, 그리고 모든 개와 고양이들아.

○ 찬양을 드리며 영원토록 영광을 돌리자.

◉ 영광이 성부와 성자와 성령께

처음과 같이 지금도 그리고 영원히, 아멘

(미국성공회 반려동물을 위한 기도서 중)

교회와 세상을 위한 기도

† 교회와 세상을 위하여 기도합시다.

○ 전능하신 하느님, 주님을 믿는 모든 이들을 진리로 하나 되게 하시고, 동식물 구분을 넘어 하느님의 피조물 공동체의 사랑으로 살게 하시어, 이 세상에 주님의 영광을 드러내게 하소서.

◉ 주여, 우리의 기도를 들어주소서.

○ 우리나라와 다른 모든 나라의 지도자들을 정의와 평화의 길로 인도하시어, 공동선을 위하여 일하게 하시며, 동물의 생명도 귀하게 여겨 지키는 일에 사용하게 하소서.

◉ 주여, 우리의 기도를 들어주소서.

○ 우리로 하여금 주님께서 창조하신 이 세상을 소중히 여기게 하시고, 사람이나 동물이나 식물이나 모든 것이 하느님의 소중한 피조물임을 알게 하소서.

◉ 주여, 우리의 기도를 들어주소서.

○ 몸과 마음의 병으로 고통 받는 사람들과 동물들과 식물들을 위로하시고 치료하시어, 고통 중에서도 희망을 잃지 않게 하시고 구원의 기쁨을 얻게 하소서.

◉ 주여, 우리의 기도를 들어주소서.

○ 세상을 떠난 사람과 동물과 식물을 주님의 손에 의탁하오니 영원한 하느님의 나라에서 모든 성인들과 함께 안식을 누리게 하소서.

◉ 주여, 우리의 기도를 들어주소서.

○ 전능하신 하느님,

◉ 우리들이 예수 그리스도의 이름으로 간절히 기도하나이다. 아멘

떠나보내기

* 함께 가족으로 지내다가 하늘로 먼저 간 동물을 위해 추억을 나누고 하늘에서
  평안히 쉬기를 기원한다.
* 돌아가면서 동물의 이름을 부르면서
  " OOO아, 먼저 가서 기다리고 있어. 나중에 우리 다시 만나자." 라고 말한다.

무지개 다리를 건너는 동물을 위한 기도

† 모든 생명을 주관하시는 전능하신 하느님, 생명을 나게 하고 거두시는 분이 당신임
을 믿습니다. 비오니, 당신이 만드신 이 동물이 살아서는 인간에게 기쁨을 주고, 위안
이 되었으며, 하느님의 피조물로서 부끄럽지 않게 살아왔으니, 이제 주님의 품에서
모든 착한 생명들과 함께 안식을 누리게 하소서. 우리 주 예수 그리스도의 이름으로
기도하나이다. 아멘.

평화의 인사

† 그리스도는 우리의 평화이시니, 이곳에 있는 우리 모두를 십자가로 하나 되게 하시
고 주님의 이름으로 모여 평화를 나누게 하십니다.
† 주님의 평화가 여러분과 함께
◉ 또한 당신과 함께 하소서.
† 서로 평화의 축복을 나눕시다.

* 회중은 서로 인사를 나눈다.

주의 기도

† 기도합시다.
◉ 하늘에 계신 우리 아버지,
온 세상이 아버지를 하느님으로 받들게 하시며,
아버지의 나라가 오게 하시며,
아버지의 뜻이 하늘에서와 같이, 땅에서도 이루어지게 하소서.

오늘 우리에게 필요한 양식을 주시고,

우리가 우리에게 잘못한 이를 용서하듯이, 우리의 잘못을 용서하시고,

우리를 유혹에 빠지지 않게 하시고, 악에서 구하소서.

나라와 권세와 영광이 영원토록 아버지의 것이옵니다.

끝기도

† 주 예수 그리스도의 은총과 하느님의 사랑과 성령께서 이루어 주시는 친교가 우리와 함께 하소서.

◉ 아멘.

나가는 찬송

조문객이 되었습니다
-온전한 애도를 위한 성소수자 장례 조문객 안내-

이 글을 읽으시는 분은 성소수자 당사자일 수도, 성소수자의 인권을 지지하는 앨라이일 수도 있습니다. 고인이 사랑했던 애인일수도, 친구일 수도 있고, 동료 혹은 지인일 수도 있습니다. 또한, 무수히 많은 퀴어 친구들의 장례를 경험하셨을 수도 있고, 장례식에 가본 경험이 한 번도 없을 수도 있습니다. 특별히 조문이 난생 처음인 독자분들에게 위로를 전합니다. 무엇을 어찌해야할지 막막한 마음이 드시리라 생각 됩니다. 사랑하는 이를 떠나보내는 그 자리에서 충분히 슬퍼하고 애도하기도 쉽지 않은데, 익숙하지 않은 장례예식에 혹여나 실수를 할까, 다른 이들에게 폐를 끼칠까 염려되는 마음도 한 켠에 있으리라 생각됩니다.

'조문'은 사전적으로 '남의 죽음에 대하여 슬퍼하는 뜻을 드러내어 상주를 위로함'이라는 의미가 있습니다. 슬퍼하는 뜻과 마음을 드러내는 일, 상주를 위로하는 일에 '꼭 이러해야한다'하는 규칙이 있는 것이 이상하기도 합니다. 그 규칙이라는 것이 성별이분법적이고, 가부장적이어서 때로 우리에게 폭력으로 다가오기도하니 더욱 마음이 복잡해집니다.

온전한 애도를 위한 성소수자 장례예식서를 쓰는 큐앤에이는 이 글을 읽는 여러분의 '온전한 애도'에 관심이 있습니다. 온전한 애도란, 모든 조건들이 갖춰져서 완벽한 애도를 가리키지 않습니다. 애도는 고인 당사자와 '나' 사이의 관계와 역사에서 만들어지기에, 모든 사람의 애도는 각기 다를 수 밖에 없습니다. '변화되지 않고 본바탕대로 고스란하다'라는 '온전'이라는 단어의 뜻대로, 가부장적 전통과 규범에 메이지 않고 오롯이 내 마음이 그대로 슬퍼하는 걸 온전한 애도라 부를 수 있겠습니다. 여러분의 온전한 애도가 가능하기를 기도하며 예식서를 작성했습니다. 우리의 장례식은 어느 사람도 지워지지 않는 장소, 어떤 마음도 다치지 않는 장소가 되면 좋겠습니다. 나의 마음에 집중해 온전히 애도를 할 수 있는 공간으로 우리가 함께 만들어 나가면 좋겠습니다.

아래에는 난생 처음 장례식장을 가는 독자들을 위해 통상적으로 진행되는 장례 절차를 순서대로 적었습니다. 장례 절차에 모든 순서에, 모든 관습에, 다 따를 필요는 없습니다. 진행순서를 참고하시어 각자의 방식으로 고인을 기억하고, 슬퍼하는 마음을 담아 행동해주시면 충분하다고 생각합니다.

부의금 준비

장례식장 가기 전에 미리 부의금 봉투와 돈을 준비해도 좋지만 장례식장에 ATM기기와 봉투가 비치 되어있으므로 도착 직후 돈을 출금하고, 부의금 봉투뒷면 좌측 하단부에 소속과 이름을 세로로 적어 준비합니다. 부의금은 통상적으로 홀수 금액(3/5/7)을 맞춥니다. 근래에는 온라인 부고문자를 통해 부의금 입금계좌가 안내되어 있는 경우도 있으므로 계좌이체도 가능합니다.

부의록 작성

빈소 입구에 비치된 부의록에 이름을 적습니다. 부의금을 가지고 왔을 경우, 부의금을 함에 넣습니다.

조문 절차

1) 상주에게 목례: 먼저 상주에게 가볍게 목례를 합니다.

2) 헌화(혹은 분향): 헌화의 경우, 꽃봉우리가 조문객들을 향하도록 합니다. 영정의 위치에서 국화꽃을 잡는다고 생각했을 때, 꽃봉우리가 아닌 꽃줄기를 잡는다고 생각하면 기억하기 쉽습니다. 하지만 통상적으로는 앞서서 헌화한 봉우리 방향에 맞춰 헌화하고, 앞서 헌화한 꽃이 없으면 봉우리 방향을 정하여 헌화하면 됩니다. 분향을 할 때는, 왼손으로 오른손을 가볍게 받친 후 오른손으로 향을 하나 혹은 세 개를 집고 촛불에 불을 붙입니다. 불은 입으로 불어서 끄지 말고 향을 잡은 손을 흔들거나 왼손으로 가볍게 부채질을 해서 끈 후 향로에 꽂으면 됩니다. 향을 집고 다른 한 손으로 향을 잡은 손을 바쳐 향로 위에 놓으시면 됩니다. 경우에 따라서 제사상이 있기도 합니다. 이 때에 술을 따라 올릴 수 있습니다.

3) 묵념(혹은 재배(再拜)): 헌화 후 뒤로 물러나 영정사진을 향해 묵념하거나 재배(절을 두 번)합니다.

4) 상주와 맞절: 묵념(절)을 마친 후 상주를 바라보고 상주와 맞절을 나눕니다. 이 때 맞절은 허리를 굽혀서 하는 인사와 엎드려 절을 하는 인사가 있습니다. 상황에 맞게 맞절을 나눈 후 상주와 인사말을 나누 조문을 마치면 됩니다.

예상되는 질문

Q. 어떤 옷을 입고 가야하나요?

통상적으로 장례식장에서는 어두운 계열의 옷을 입습니다. 고인을 기억하고 추억할 수 있는 의상이나 의상소품(무지개 굿즈, 배지, 팔찌, 손수건 등)이 있다면 애도하는 마음을 담아 의상과 소품을 활용해 조문을 가도 무방합니다.

Q. 기독교인이 분향을 하거나 재배를 드려도 되나요?

각자의 신앙전통에 따라 선택하시면 됩니다. 다만, 큐앤에이 장례예식팀은 향을 피우는 행위나 영정사진 앞에 절을 하는 행위가 우상을 섬기는 행위와는 다르다고 판단했습니다. 큐앤에이는 분향과 재배가 고인에게 마지막 인사를 하는 한국의 전통 방식이라고 생각합니다. 고인을 기리고 유족을 존중하는 것이 장례예식에서 가장 중요하다고 여겨집니다.

(1) 성별이분법 표현을 지양합시다.

장례식은 그 특성상 조문객인 '내'가 알지 못하는 수많은 사람들과 마주치기 마련입니다. 고인 뿐 아니라 장례가 진행되는 모든 순간, 모든 자리에 성별이분법 표현으로 상처받을 사람들이 있음을 기억합시다. 고인에게도, 다른 조문객에게도 성별이분법적인 표현을 사용하지 않도록 합시다.

(2) 스스로 생을 마감한 고인에 대하여

  - 불필요한 정보를 전달하지 맙시다.

  : '나'는 스스로 생을 마감한 고인의 고민과 생각, 감정, 결정에 대해 알 수 없습니다. 안다하더라도 그것은 한 부분에 지나지 않습니다. 고인의 사망 방식이나 원인, 동기, 이유에 대해 근거 없는 추측을 자제하도록 합시다.

  - 피우지 못한 삶이 아닙니다.

  : '나'는 고인의 삶을 평가할 수 없습니다. 고인을 아끼고 사랑하는 마음에서 나오는 표현일지라도, '꽃다운 나이, 피우지 못한 삶'과 같은 표현은 의도와 상관없이 고인의 삶이 충분치 못했다는 의미로 해석될 여지가 있습니다. 모두의 삶은 그가 어떠한 시기를 보내고 있든 그 자체로 충분한 삶입니다. 고인을 향한 안타까운 마음을 표현할 때, 한번 더 생각해봅시다.

(3) 다양한 신앙전통을 존중하는 신앙언어를 사용합시다.

'나'는 고인을 떠올리며 다양한 신앙고백을 할 수 있습니다. 그렇지만 장례식장에 모인 이들은 '죄'와 '구원', '회개'와 '천국' 등의 신앙용어에 익숙한 사람일 수도, 익숙하지 않은 사람일 수도 있습니다. 익숙한 사람이라 할지라도 각자 신앙의 전통에 따라 각 용어가 의미하는 뜻에 대해 해석이 다르기도 합니다. 장례식장은 고인을 기억하는 모두가 고인을 떠올리며 애도를 표현하는 자리입니다. '나'의 신앙고백이 누군가에게 상처가 되지는 않을지 한 번 더 생각해봅시다.

장례지도사가 되었습니다
-성소수자 친화적인 장례문화를 꿈꾸며 장례지도사가 장례지도사에게 보내는 편지-

안녕하세요? 저는 장례지도사 양수진입니다.

사실 제가 20대에 일을 시작하여 이제 경력 10년 차인데, 경력이 20년, 30년 이상 되신 선배님들이 워낙 많으니 아직도 제 자신을 소개하기가 부끄럽습니다. 저는 아직 부족한 점도 많고, 배울 점도 많습니다.

직업을 가지는 이유가 돈을 벌고 내 가족을 행복하게 하기 위한 수단입니다. 하지만 저는 장례지도사로 일하면서 생계유지뿐만 아니라 많은 가르침을 얻을 수 있어서 늘 감사했습니다.

장례 현장에서 일하며 배운 점을 열거하자면 끝도 없지만, 매번 죽음의 단상들을 마주하며 유독 크게 느끼는 것은 죽음은 참 느닷없이 찾아온다는 것입니다. 그토록 실감 날 수 없는 죽음을 절절하게 매일 만나는 사람이 장례지도사이기도 하지요. 그리고 세월이 흘러 시대가 변하다 보니 전통적인 가족의 형태가 아닌 다양한 형태의 가족들도 만나게 됩니다. 그럴 때는 과연 내가 어떻게 행동하는 것이 올바른지 고민에 빠지기도 합니다.

답을 얻어보려 해묵은 고서를 뒤져보기도 하고, 친한 선배님들께 조언도 구해봅니다. 하지만 어차피 장례에 정해진 규칙이란 없습니다. 유가족은 이별의 슬픔으로 경황이 없으시고, 그때 우리가 해야 할 일은 내 눈앞에 있는 유가족이 진정 원하는 것이 무엇인지를 경청하는 일이라 생각합니다.

장례는 인간이 인간에게 지키는 마지막 예의라고 합니다. 결국 그 예는 사랑이 아닐까 생각합니다. 사랑이라는 예법으로 고인의 마지막을 기리는 마음을 통해 주님께서 모든 인간을 사랑하시듯, 모든 고인이 예외가 없이 평안하셨으면 좋겠습니다.

삶의 형태가 다양하듯 장례 역시 다양할 수 있습니다. 사실 저도 이 부분은 신입 시절에는 미처 배우지 못했습니다. 일을 하다보며 만나는 장례 현장들은 참 다양했습니다. 책에서 볼 수 없었던 다양한 가족구성원들과 유가족들이 요청하시는 다양한 요구들을 만날 수 있었습니다. 경험이 없는 현장에서 멈칫했던 경우가 없었던 것은 아닙니다. 돌이켜보면, 전통과 의례라는 명목으로 그동안 장례에서의 역할을 너무 한정적으로 제한하지 않았나 하는 반성이 되기도 합니다.

사람이 살면서 선택에 의해 결혼식은 안 할 수 있어도 장례식은 피할 수 없을 것입니다. 누구든 소중한 이와 이별을 하는 순간이 반드시 찾아 올 테니까요. 하지만 또한 일상적으로 자주 접할 수 없는 예식이 장례이기에 유가족에게는 어렵고 낯설게만 느껴집니다. 슬프고 무거운 분위기로 인해서 장례 담당자에게 궁금한 게 있거나 요청사항이 있어도 머뭇거리게 되곤 합니다. 그럴 때 우리가 먼저 손을 내밀고 그분들의 이야기를 들어주었으면 좋겠습니다.

죽음 앞에 모든 인간들은 공평합니다. 사회적 지위나 재산은 빛을 발하지 못합니다. 고인이 생전에 어떤 사람이었는지는 우리에게 중요하지 않습니다. 그저 맡은 바 정성껏 모셔드리는 것뿐입니다. 이미 유가족과 장례 종사자들은 답을 알고 있습니다. 단지 한 마디의 배려면 될 것 같습니다. "그렇게 하셔도 됩니다." 기존의 예법이 아니어도 괜찮습니다. 고인의 유언에 따라 혹은 유가족이 원하는 방향에 따라 진행되는 장례는 충분히 가능하다고 말이죠. 어느 분야에나 명장이 있다고 합니다. 만약 장례 분야에 명장이 있다면 그것은 기술이 아니라 공감하는 마음의 크기일 것 같습니다.

조문이나 입관에 있어 통상적인 절차가 있다 하더라도 고인의 뜻에 맞게 적용되었으면 좋겠습니다. 만약 고인께서 생전에 '여성용' 혹은 '남성용' 수의를 입기 원하셨다면 그에 맞는 수의로 입관식이 진행되어야 합니다. 상복 또한 마찬가지입니다. 그리고 빈소 내에서 '상주'를 지정할 때 여성이 상주가 되길 원한다면 호칭을 '여상주님'이 아니라 '상주님'으로 통일화 했으면 합니다. 성별에 따라 장례식에서의 역할이 배정되는 것이 아니라, 유가족의 합의 하에 성별과 관련 없이 배정되게끔 팀장님들께서 조율해주시면 감사하겠습니다.

아기가 태어날 때 아기는 울고, 주변인들은 웃는다고 합니다. 하지만 영원한 인생이란 없기에, 우리가 언젠가 하늘의 부름을 받아 이 땅을 떠날 때에는 주변인들이 울게 되지요. 그러나 당하는 죽음이 아닌 맞이하는 죽음을 행할 때에 우리는 비록 나그네 인생에서 이별 하지만 비로소 웃을 수 있다고 합니다. 고인이 진정 행복할 수 있는 장례를 위해 무엇이 필요할까요. 그저 누구나 고독하지 않았으면 좋겠습니다. 지나온 삶이 비록 쓸쓸했을지라도 마지막 이별 예식인 장례식에서 만큼은 우리의 마음, 우리의 손으로 인해 따듯한 시간이 되었으면 합니다.

죽음에 대한 두려움으로 가득 찬 장례 현장, 그곳을 묵묵히 지켜내는 장례 종사자 여러분들께 항상 감사드립니다. 우리가 있어 인간은 최후의 순간까지 존엄할 수 있습니다. 감사합니다.

집례자가 되었습니다
-온전한 애도를 위한 성소수자 장례 집례자 안내-

이 글을 보시는 분에게

아마도 이 글을 보시는 분은 장례를 준비해야 하거나, 어떤 분의 장례에 참여하며 생각이 많아진 분들일 가능성이 클 것 같아요. 사실 이어지는 내용이 그 고민과 궁금함을 말끔히 해소시켜 드릴 것 같진 않네요. 그건 제가 가진 능력이 먼저 그러하겠고요, 장례현장은 여러 가지 변수가 많은지라 어떤 식순이나 안내사항을 그대로만 사용할 수는 없을 테니까요.

그럼에도 이 부족한 글을 끄적거린 이유는 같은 고민을 조금 먼저 한 자가 전하는 '위로와 응원'입니다.

지금 슬픔과 안타까움이 가득한 분들과 함께 어떤 예식을 준비하고 계신 당신에게 위로의 마음을 전합니다. 고인을 아시거나, 그 분의 지인 혹은 가족과 아는 사이이시거나, 적어도 어떤 연관관계를 가지고 계시겠지요. 당신의 마음에도 슬픔 한 자락이 담겨 있을 겁니다.

그러나 누군가는 그 아픔을 잠시 접어두고 고인과 남겨진 이들을 위한 예식을 준비해야겠지요. 우리 슬픔에 공감하되, 침잠됨을 잠시 미뤄두고 할 수 있는 것을 해 갑시다.

그 쉽지 않은 일을 감당하심에 또한 깊은 응원을 마음을 전합니다.

이제 제가 겪었던 상황 속에서 가지게 된 생각들을 몇 가지 나누려 합니다.

접근방향

제 사랑하는 OOO가 교회를 다니지 않았는데 장례예배를 드려도 될까요?

제 애인은 우리를 혐오하는 교회가 싫다고 말하곤 했어요. 그래도 정중하게 예식을 했으면 하는데요, 어찌하면 좋을까요?

교역자가 된 후 접하게 되는 부고와 함께 더러 듣곤 하는 말입니다. 신학 대학원 강의 중 '비기독교인 부모에 대한 장례요청을 받으면 어찌 할 것인 가?'라는 질문에 안타깝게도 '할지 말지 고민이 된다'라고 말하던 학우들 이 있었던 생각도 납니다.

신앙인들에게 같은 고백을 나눈다는 것은 물론 중요합니다. 하지만 장례 에 있어 더욱 중요한 것은 고인에 평안 속에 거하고 있음에 대한 선언과 남겨진 이들에 대해 하늘의 위로를 전하는 일일 것입니다. 이것에 상기와 같은 사항은 전혀 문제되지 않겠지요.

1) 장례예식을 포함하여 죽음과 관련된 예식들은 개신교 신앙에 기반 하여 '평 안의 확증', '위로의 나눔', '부활의 증인됨' 등의 요소가 구현될 수 있도록 합니 다.

 – 평안의 확증: 이는 고인이 이 땅의 어려움과 고통에서 벗어나 완전한 휴식에 거하고 있음에 대한 선언을 말합니다. 이는 예식사(예배 시작), 기원 혹은 기도, 하늘뜻펴기(설교), 축도 등 예식 전반에 반영할 수 있습 니다.

 – 위로의 나눔: 사별의 슬픔, 고인과 풀지 못한 안타까움으로 인한 상심 등 고인을 떠나보낸 이 들에게 하늘의 위로를 전하고 나누는 것을 말합니 다. 이는 기도(필요하다 판단된다면 남겨진 이들을 위한 기도를 별도로 편성하는 것도 좋겠죠!), 하늘뜻펴기(설교) 등에 반영할 수 있습니다.

 – 부활의 증인됨: 개신교 신앙은 예수에 대해 '죽음을 넘어서신 그리스 도'로 신앙고백하며, 그를 따르는 신앙인들은 부활에 동참함을 뜻합니 다. 이에 장례예식은 추모를 포함해 고인이 부활사건에 참여하는 이가 되 었음을 선언하는 장이 됩니다. 이 때 모인 이들은 고인의 부활사건에 대 한 증인이 됩니다. 이는 하늘뜻펴기(설교) 및 별도의 순서(예: 예식사에 서 부활의 증인됨을 묻고 대답하는 내용을 반영)에 반영할 수 있으며, 부 활의 증인되는 이는 슬픔과 고인에 대한 기억을 공유하는 이들로 함께 위 로할 수 있습니다.

하늘뜻펴기? 설교?

'하늘뜻펴기가 뭐 지?'싶은 분이 계실 것도 같습니다. 이는 일본식 한자에서 출 발한 용어들을 많이 사용하는 한국개신 교문화에 대한 반성 적 성찰을 통해 제시 된 단어입니다. 또한 가르친다는 의미를 가진 설교(說敎)는 '알고 있는 교역자'가 '모르는 교인'을 교육 한다는 수직적 교회 구조를 담은 단어이 기도 하지요. 이에 이 글에서는 하늘뜻펴 기라는 단어를 사용 하고 있답니다!

2) 교인과 비교인의 구분을 없앰

- 12세기의 영성가 힐데가르트는 자살로 파문당한 청년의 장례를 집례하며, '교회가 그리스도인으로 인정하는 것보다, 하나님/하느님의 지음 받은 존재임이 먼저'라는 가치를 천명했습니다. 교회출석에 우선가치를 두는 한국개신교의 통념 속에서 교인과 비교인의 장례예식과 내용에서도 어떤 차이를 두려는 경향이 있습니다. 위로의 나눔에 있어 교인/비교인 간 차이는 없으며, 무엇보다 동일하게 지음 받은 하나님/하느님의 귀한 생명이라는 점에서 집례인은 맡겨진 예식에 아무 차등을 두지 않아야 합니다.
- 반려생명에 대한 예식 역시 상기와 같은 의미에서 생각할 필요가 있습니다.

3) 유가족 및 남겨진 이들을 중심에 둠

- 종교예식, 사회적 장례(예: 민주평화장, 학교동문장) 등에 있어 자칫 유족이 배제된 채, 집례인, 장례위원회 등의 의지만 반영되는 경우가 있습니다. 특히 사회적 활동이 활발했던 고인이라면 더더욱 그럴 가능성이 있다 하겠습니다.
- 기본적으로 장례는 고인에 대한 기림과 유족에 대한 위로가 중심 가치임을 기억했으면 합니다.
- 이를 위해 장례위원회 등을 구성함에 있어 유족 대표 등이 배제되지 않도록 하고, 여러 논의에 있어 우선고려 함을 내부원칙을 정하는 것도 좋은 방법이라 하겠습니다. (이 때에 유가족*은 혈연중심의 관계를 한정하여 사용한 단어가 아님을 알려드립니다. 고인의 동성 파트너, 고인과 오랜 시간을 보낸 친구 등도 '유가족(유족)'에 포함될 수 있다는 점을 집례자께서 상기하여 주시길 바랍니다.)

※ 참고문헌 『희년예배서』 (한국기독교장로회 총회, 2004년), 『목회예식서』 (한국기독교장로회 총회, 2013년), 『수도원맥주, 유럽역사를 빚다』 (고상균, 2019년)

이웃종교 예식 중 불교나 원불교의 천도제에 참여했을 때였습니다. 배움이 짧았던 관계로 진행되는 내용이 무슨 의미인지 대부분 몰랐음에도 불구하고, 깊은 감동과 위로를 느끼며 눈물을 흘렸었던 기억이 있습니다. 입관예식의 처음부터 끝까지 전통운율에 담긴 기도문을 같이 낭송하며 남겨진 이들의 슬픔을 달래던 가톨릭 예식을 보며 간결하면서도 힘이 있는 위로라는 생각을 가지고 있습니다.

이에 비해, 한국 개신교의 장례예식은 집례자 1인이 찬송 부르고, 설교하고, 기도하고 마무리 해 버리는 도중, 집례자를 제외한 장례예식의 참여자들은 망연자실한 표정으로 앉아있거나 울고 있는 경우가 많습니다.

개신교는 가톨릭의 엄정한 격식이 지닌 계급성을 비판하며 일어났던 신앙입니다. 이 과정에서 장례, 추모 등에 대한 예식과 교리도 폐기되었고, 그 결과 장례예식은 교회나 교역자가 '알아서'하는 형국이 되었다고 봅니다.

잊지 않았으면 합니다. 장례예식은 원맨쇼가 아닙니다. 남겨진 이들과 위로를 위해 모인 이들이 같이 참여하여 애도와 위로를 나눌 수 있도록 합시다.

1) 장례예식은 1인극이 아닙니다.

가톨릭, 불교 등 엄정한 장례예식이 구성되어 있는 종교에 비해 상대적으로 개신교는 그렇지 못합니다. 이는 연옥과 같은 전통기독교교리에 많은 폐단이 있다고 평가하면서 '죽음 이후는 인간이 범접할 수 없는 신의 영역'임을 분명히 했던 기독교개혁운동의 흐름에서 그 원인을 찾을 수 있겠습니다. 이 같은 상황에서 대개의 장례예식 현장은 목사 1인이 사회, 기

도, 설교, 축도 등 거의 모든 순서를 혼자 진행합니다. 이 가운데 목사 1인의 역량에 무한정 맡겨지는 경우가 빈번하게 발생하죠. 경우에 따라서는 의도적으로 목사에게 집중케 하고자 하는 의도로 진행되기도 합니다.

장례예식은 집례인의 1인극이 아닙니다. 장례예식은 유족과 추모인, 그리고 집례인이 함께 마음모아 고인을 기리고, 위로를 나누는 장이 되어야 합니다. 교인을 포함해 함께 추모하는 이들 역시 예식에 주도적으로 참여할 수 있도록 순서를 편성(예: 사회, 기도, 고인 약력 소개 등)하고 유족 역시 예식을 통해 고인을 생각하고 추모할 수 있는 기회(예: 고인 약력 소개, 고인에게 보내는 편지, 고인에 대한 기억 나눔 등)를 만드는 것이 어떨까 싶습니다.

2) 유족 및 남겨진 이들을 살펴야 합니다.

교인 혹은 집례인과 친분이 있는 이에 의해 장례예식 집례가 이루어지지만, 장례는 의뢰인 뿐 아니라 유족 전체가 참여하여 진행됩니다. 이런 상황에서 다음을 생각해 볼 수 있습니다.

① **다른 유족들이 개신교 예식에 대해 거부감이 있는 경우**: 충분히 이해를 구하고, 여의치 않을 때는 합의를 거쳐 종교적 색체를 낮춘 추도예식으로 진행하는 것을 제안합니다.

② **고인이 그리스도교 신앙이 없는바 가족들의 견해가 달라지는 경우**: 역시 의뢰인의 입장에서 충분히 이해를 구하고, 여의치 않을 때는 ①번의 해법을 고민해 보면 어떨까 합니다.

③ **주류 개신교적 견해에 몰입해 있어 절, 분향, 성적 다양성 등에 대해 강한 반감을 가진 경우**: 일단 옳고 그름의 문제가 아니라 추모인들이 희망에 따라 선택할 수 있는 사항임을 충분히 설명할 필요가 있습니다. 이때, 집례인의 역할이 매우 중요합니다. 유족은 반감도 있지만 기본적으론 집례인에게 의지하고 싶은 마음 역시 있을 가능성이 크므로 충분한 설명과 이해를 구하여 좀 더 의미 있게 장례절차를 만들어가면 좋겠습니다. 만약 유족과 원활한 논의에 이르지 못할 경우, 교인 혹은 추모인들을 위한 예식을 별도 공간에서 진행하는 것도 생각해 볼 수 있겠죠.

④ **종교예식자체에 대한 전이해가 없는 경우**: 자칫 장례예식 자체를 무의미하게 인식하고 행동하는 경우가 발생하기도 해요. 사전 전체 가족과의 만남을 통해 집례를 맡겨 준 것에 감사를 표한 뒤, 각 예식의 의미를 설명하고 가족별 역할을 안내하면 좋겠습니다.

⑤ **다종교적인 가족일 경우:** 장례예식이 개신교식으로 진행되나, 참여인들 각자신앙의 대상을 향해 마음모아 줄 것을 부탁합니다. 그리고 예배 중 하늘뜻펴기(설교) 등에서 추모에 대한 이웃 종교적 접근을 언급하는 것도 좋은 방법입니다.

⑥ **유족 간의 불화가 있는 경우:** 이건 정말 어려운 경우입니다. 특히 고인과 가족 간 불화가 있었을 가능성도 크죠. 일단 유족들의 이야기를 최대한 듣고 조율할 필요가 있습니다. 예식 중 고인에 대한 기억을 정리할 수 있는 시간을 주고 이를 잘 진행한 다음, 하늘뜻펴기(설교)에서 정리할 수 있도록 노력하면 좋겠습니다.

⑦ **너무 큰 슬픔에 잠겨 있을 경우:** 이런 상황에서는 합리적 논의가 쉽지 않을 겁니다. 집례인이 장례지도사와 협의 하에 적절한 대안을 제시하며 진행할 필요가 있습니다. 이때 예식은 유족보다 추모인들이 순서를 맡아 진행하는 것도 고민해 볼 필요가 있습니다.

⑧ **남성 가부장성이 강한 가족일 경우:** ③번의 해법을 함께 고민해 보면 어떨까요?

이 밖에 장례 현장에서 유족의 다양한 상황을 살피고 그에 대한 대처가 필요합니다. 유족들의 컨디션, 식사 유무 등을 살피는 것도 중요하겠죠.

3) 고인에 대해 가능한 많이 알 필요가 있습니다.

고인이 교인, 혹은 지인일 경우에는 이 같은 문제가 적지만, 가족 또는 파트너에 대한 장례예식을 의뢰받았을 경우, 최대한 고인에 대해 많이 알 필요가 있습니다. 간혹 장례예식 중 고인의 이름이 기억나지 않아 슬쩍 본다거나 더듬는 경우, 심지어 틀리게 말하는 상황이 발생하면 추모와 의미 나눔에 크게 어려움이 발생할 수도 있습니다. 이를 위해

① 입구에 적혀있는 가족관계 등을 참고하고,
② 의뢰인을 통해 고인에 대한 이야기(출생, 삶의 주요 국면, 의뢰인과 연관된 일화, 성품, 임종상황 등)를 듣거나,
③ 장례예식 사전, 고인에 대한 약력을 가족들이 작성해 줄 것을 청하고, 이를 예식에 반영

하는 등의 과정은 크게 도움이 됩니다. 무엇보다 생전, 고인의 뜻이 장례(예식) 전반에 반영될 수 있도록 노력하는 것이 중요합니다. 예를 들어 고인의 뜻과 달리 가족들이 알고 있는 성별 및 지정성별에 따라 수의를 입히려는 경우, 고인을 마지막으로 보내는 예식임을 설명하고 정중히 이해를 구할 필요가 있습니다. (이때 고인이 생전 즐겨 입었던 옷을 수의로 사용하는 것 등을 함께 생각해 볼 수 있겠습니다.)

4) 장례 전반에 대한 조력자가 될 필요가 있습니다.

장례에 대한 경험이 없거나, 너무 큰 슬픔에 잠겨있거나, 별도의 상조 없이 진행 할 경우, 가장 기본적인 운구위원조차 편성하지 않고 있다가 발인하는 도중 큰 낭패에 직면하는 경우도 있습니다. 이는 상황에 따라 장례예식 등 주요예식에도 심대한 영향을 끼칠 수 있죠. 집례인은 정해진 예식 등 명시적으로 요청된 사항 뿐 아니라, 장례 전반을 살피고, 필요한 조언 등 전체 장례의 조력자가 될 필요도 있습니다. (예: 헌화용 꽃의 관리상태. 운구위원 및 영정사진위원 편성 여부 등) 단! 너무 잔소리를 하지 마시고요!

5) 각 역할 담당자와의 관계가 중요합니다.

비도심권에서 진행되거나, 장례지도사가 없는 경우에는 조금 다를 수 있지만, 많은 장례식 현장은 이전처럼 종교적 집례인에게 모든 것이 맡겨지지 않습니다. 장례지도사, 장의사, 식/음료관리인, 버스 운전기사, 묘역관리인 등 다양한 상황별 담당인력이 장례를 돕고 있죠. 집례인은 이들과 사전 협의를 통해 유기적 업무분장이 가능토록 해야 합니다.

① **장례예식을 처음 요청받았을 경우**: 상조유무 확인 후, 있을 경우 파견된 장례지도사와 예식 일정과 소요시간, 장소 등을 사전 협의합니다.

② **장례예식이 진행될 경우**: 식/음료 관리인, 총무(혹은 조의금 관리위원) 등에게 장례예식시간을 미리 공지하고 안내를 요청합니다. 이때 조문은 예식 이후에 진행됨과 예상인원 수를 사전에 전하는 것도 좋겠습니다.

③ **입관, 하관(혹은 봉안), 전체 마무리 등:** 각종 상황에서 수고한 이들에 대한 감사를 잊지 않도록 합니다. 전체를 대신해 집례인이 인사를 하는 것도 좋겠습니다.

1

울 밑의 봄동이나 겨울 갓들에게도 이제 그만 자라라고 전해주세요
기둥이며 서까래들도 그렇게 너무 뻣뻣하게 서 있지 않아도 돼요 좀 구부정하세요
쪽마루도 그래요 잠시 내려놓고 쉬세요
천장의 쥐들도 대거리하는 사람 이제 없다고 너무 외로워 마세요
자라는 이빨이 성가시겠지만 어쩌겠어요
살 부러진 검정 우산에게도 이제 걱정 말고 편히 쉬라고 해주세요
귀 어두운 옆집 할머니와 잘 지내라고 전해주세요
더는 널어 말릴 양말도 속옷 빨래도 없으니 늦여름 햇살들께서도 고추 말리는 데
나 거들어 들이세요

해남군 송지면 해원리 서정리 미황사 앞

2

죽는다는 일은 도대체 무슨 일인가요 그래서 어쩌란 말인가요
버뮤다 삼각지대 같은 안 보이는 무슨 깔때기 같은 것이 있어
그리로 내 영혼은 빨려나가는 걸까요
아니면 미닫이를 탁 닫듯이 몸을 털썩 벗고 영혼은
건넌방으로 드는 걸까요

아이들에게 말해주세요
마당에서 굴렁쇠도 그만 좀 돌리라고
어지럽다고

—김사인, 〈김태정〉 중 일부 발췌 《창작과 비평》 2013년 가을호

✳

　시인 김사인은 친구 김태정을 떠올리며 시를 썼습니다. 김태정은 서울에서 태어나 2011년 9월 6일 해남에서 세상을 떠난 시인입니다. 김사인은 친구를 떠나보내며 봄동에게 겨울 갓들에게 그만 자라라는 말을 전합니다. 따다 말릴 이가 없으니 그럴 것입니다. 기둥이며 서까래며 쪽마루에게 애쓰지 말고 구부정하게 있으라 말합니다. 더 이상 집에 기대어 사는 이가 없으니 그럴 것입니다. 천장의 쥐들에게, 살 부러진 검정 우산에게, 늦여름 햇살들에게도 김사인은 김태정의 부재를 알립니다. 친구의 죽음을 알리는 김사인 시인의 마음에 대해 생각해봅시다.

　얼마 전, 친구가 죽었습니다. 그가 죽고 없으니 하루가 멀다하게 오르던 학교 언덕이 다르게 보입니다. 대학원 건물에서부터 어슬렁 어슬렁 그가 나와 내게 뒤를 돌라고 "날이 이렇게 좋은데 수업을 들어 뭐하나, 커피나 마시러 가자"하고 손짓을 할 것만 같습니다. 언덕을 오르다 두리번 두리번 그를 찾게 됩니다. 준비되지 않은 채 친구의 죽음을 마주한다는 것은 쉽지 않았습니다. 죽는다는 일은 도대체 무슨 일인지, 남겨진다는 일은 도대체 무슨 일인지, 그래서 어쩌란 말인지. 평소라면 평온해보였을 학교의 일상에서 지금도 종종 멀미가 납니다. 다들 그만 좀 하라고, 멈춰보라고, 뜬금없이 화를 내고 싶은 기분이었습니다.

　만약에 우리가 먼저 떠난 친구와 '죽음'에 대해 이야기를 나눠볼 기회가 있었으면 어땠을까요? 문득문득 찾아오는 슬픔이 사라지는 것은 아닐 테지만, 그래도 사랑하는 친구가 자신의 삶을 어떻게 정리했고, 그 이후에 남겨진 이들에게 무엇을 원했는지를 잘 알았더라면, 제가 느끼는 멀미가 조금 나았을 지도 모르겠다는 생각합니다.

　무엇이나 다 정한 때가 있다. 하늘 아래서 벌어지는 무슨 일이나 다 때가 있다. 날 때가 있으면 죽을 때가 있고 심을 때가 있으면 뽑을 때가 있다. (전도서 3:1-2)

　살아있는 모든 존재들은 때가 되면 다 죽습니다. 그것을 모르는 이들은 없지만, 사랑하는 이들을 떠나보내는 것, 또 다가올 내 죽음을 받아드리는 일은 쉬운 일이 아닙니다. 쉬운 일이 아니라고 해서 필연적으로 찾아오는 죽음을 회피하며 살 수는 없습니다. 이 글에서는 교회공동체 내에서 죽음을 준비하는 교회 교육 프로그램을 제안해보려 합니다.

죽음을 준비해야 하는 사람은 병환 등으로 죽음을 앞둔 이들만이 아닙니다. 어린이와 청소년을 포함한 교회공동체의 구성원 모두가 죽음 준비 교육의 대상입니다. 죽음 준비 교육은 삶의 과정 중 하나인 '죽음'을 이해하고, 준비함과 동시에 지금까지의 삶을 돌아보고, 앞으로의 삶을 준비하는 과정이 될 수 있도록 하는 시간입니다.

영화 <엔딩노트>를 보고
버킷리스트 작성해보기

교육진행시간: 약 3시간
교육추천인원: 30명 이내

영화, 엔딩노트(2012)는 마미 스나다 감독의 다큐멘터리 영화입니다. 감독의 아버지, 도모아키는 건강검진을 통해 자신이 말기암 4기 판정을 받습니다. 병원으로부터 회복가능성이 희박하다는 이야기를 들은 도모아키는 자신의 죽음을 준비하며 엔딩노트를 작성합니다. 그가 작성한 노트의 내용은 아래와 같습니다. (1) 평생 믿어보지 않은 신 믿어보기 (2) 손녀들 머슴노릇 실컷해주기 (3) 평생 찍어주지 않았던 야당에 한 표 찍어주기 (4) 꼼꼼하게 장례식 초청자 명단 작성하기 (5) 소홀했던 가족과 행복한 여행 (6) 장례식장 사전 답사하기 (7) 손녀들과 한 번 더 힘껏 놀기 (8) 손녀에게 작별인사, 어머니께 전화, 친구와 수다 (9) 이왕 믿은 신에게 세례받기 (10) 쑥스럽지만 아내에게 사랑한다 말하기

교회공동체에서 영화를 함께 나누어보며, 영화 속 인물처럼 생에 이루고 싶은 버킷리스트를 작성해보고 발표하는 시간을 갖도록 합니다. 이 때 교사는 참여자가 의미 없이 버킷리스트의 가짓수를 채우기보다 한 가지의 버킷리스트라도 고심하여 적을 수 있도록 지도합니다. 버킷리스트의 작성이 끝나면, 희망자에 한해 자신의 버킷리스트를 발표하는 시간을 갖도록 합니다.

2

작별의 편지쓰기

교육진행시간: 약 2시간
교육추천인원: 10명 이내

작별의 편지는 사랑하는 사람에게 남기는 글입니다. 교사는 참여자가 구체적인 한 인물을 떠올리도록 지도합니다. 그 인물에게 남기는 편지를 쓸 때, 그 인물과 함께 했던 구체적인 장면을 떠올리도록 돕습니다. 그 장면을 떠올릴 때, 참여자가 느끼는 감정들을 편지 속에 담아낼 수 있도록 지도합니다. 편지를 작성한 뒤 희망자에 한해 발표하는 시간을 갖도록 합니다.

3

나의 장례식장 상상하기

교육진행시간: 약 2시간
교육추천인원: 10명 이내

'나의 장례식장 상상하기'는 말 그대로 내가 죽고 난 이후 있을 장례식이 어떤 시간이면 좋을지를 상상해보는 시간입니다. 영정사진으로 쓰일 내 사진은 무엇이 되면 좋겠는지, 장례식장의 음악은 어떤 종류의 음악이면 좋겠는지, 내 장례식에는 누가 왔으면 좋겠는지, 누가 내 장례식의 상주가 되면 좋겠는지, 조문객에게 어떤 음식을 대접하면 좋겠는지, 어떤 수의를 입으면 좋겠는지, 수의 대신 입고 싶은 옷이 있는지 등등 아주 구체적인 상상을 해보는 시간입니다. 자신의 장례예문을 직접 써보는 시간을 가져도 좋습니다. 글로 표현하기 어렵다면, 그림으로 표현하는 시간을 갖는 것도 좋습니다.

<공동체에서 함께 보면 좋을 죽음준비 콘텐츠>

(1) 영화, 굿바이(Departures, おくりびと, 2008)

첼리스트였던 주인공, 다이고가 우연한 기회로 장례지도사가 되어 벌어지는 일을 담은 영화이다.

(2) 영화, 이키루(Living, 生きる, 1952)

주인공 와타나베 칸지는 어느날 자신에게 시간이 많지 않다는 사실을 알게 된다. 남은 시간동안 그는 자신의 삶이 가치있게 기억되기를 바라는 마음으로 버려진 땅을 공원으로 만들고자 한다.

(3) 영화, 메종 드 히미코 (La maison de Himiko, メゾン·ド·ヒミコ, 2005)

자신의 정체성을 이유로 가족을 떠난 아버지에 대해 화가 풀리지 않은 주인공, 사오리가 성소수자 실버타운 '메종 드 히미코'에서 일하며 마음을 여는 내용의 영화.

온전한 애도를 위한 성소수자 장례예식서

홈페이지   qnaforchurch.creatorlink.net
메일   qnaoffice2021@gmail.com
SNS   @qnaforchurch (페이스북/인스타그램/트위터)